U0116585

一本讀懂平成日本

周佳榮——著

JPC

策劃編輯　梁偉基
責任編輯　梁偉基
書籍設計　a _ kun　陳朗思
書籍排版　陳朗思
照片提供　行　旅

書　　名　一本讀懂平成日本
著　　者　周佳榮
出　　版　三聯書店（香港）有限公司
香港北角英皇道四九九號北角工業大廈二十樓
香港發行　香港聯合書刊物流有限公司
香港新界荃灣德士古道二二〇－二四八號十六樓
印　　刷　美雅印刷製本有限公司
香港九龍觀塘榮業街六號四樓 A 室
版　　次　二〇二三年三月香港第一版第一次印刷
規　　格　大三十二開（132 × 210 mm）二七六面
國際書號　ISBN 978-962-04-5059-4

上　京都府宇治市平等院

下　沖繩縣中頭郡中城城遺址

上　沖繩縣那霸市首里城守禮門

下　香川縣高松市栗林公園

上　京都府宮津市天橋立

下　島根縣松江市伊根町

上　東京都新宿市

下　廣島縣廣島市紙屋町

目錄

編寫說明

本書繼《一本讀懂昭和日本》之後，介紹平成時期（1989-2019）活躍於日本社會的人士，總共二百三十五人，分為五大領域：(一) 以政治為主，兼及法制與經濟；(二) 以演藝為主，兼及體育與美術；(三) 以文學為主，兼及語言與評論；(四) 以歷史為主，兼及社科與思想；(五) 以科技為主，兼及醫療與建築。

這些人物的事蹟，大抵反映了平成時期三十一年間各個方面的概況，當中有些人士在昭和後期已達到生平業績的高峰，有些人士則在進入二十一世紀後始成就其事業。換言之，平成時期是戰後從高速發展走向平和、成熟的轉折階段，對認識當代日本有很大幫助。

序

平成時期的日本，大體上是昭和時期自 1945 年以降的延續，雖然以 1989 年為界線，但說不上是涇渭分明。活躍於戰後日本社會的人物，不少在平成時期才逐漸隱退和凋謝，甚至仍然綻放異彩，為平成日本作出貢獻。

應予指出，戰後日本的發展，在平成時期結束之際，已告一段落；2019 年令和時代伊始，日本就進入另一個與此前不同的階段了。平成三十一年間，經濟低迷無大起色，社會雖云穩定，但浮現了不少問題；地震和海嘯引發的災難，仍然留下若干後遺症。日本的外交政策，致使中日關係時有反覆，妨礙了兩國的正常交往，在一定程度上也損害了經濟利益。日本政界對國際形勢時有誤判，情況是令人擔憂的。

話雖如此，對中日關係前景持樂觀態度的人士，及對中國文化抱有好感的人們，在日本始終起着平衡的作用。本書介紹的眾多人物之中，不乏有心和盡力者，無論成績大小，都是應該予以肯定的。

日本是中國的近鄰，一衣帶水，古往今來，息息相關。日本也是香港市民喜愛前往旅遊的國家之一，增進對日本的理解是必要的，平成時期距今未遠，希望本書能夠為讀者提供有用的知識和資訊。

周佳榮

2022 年 7 月 17 日

導論：平成時代的跨世紀歷程

1989 年 1 月 7 日，昭和天皇（裕仁，1901-1989）駕崩，時年五十五歲的明仁親王繼位，成為日本第一百二十五代天皇。當時擔任竹下登內閣官房長官的小淵惠三，在這一天下午舉行的記者會上，公佈新的年號曰「平成」，並恭敬地展示了寫有新年號的紙板，所以他就得了個「平成大叔」的外號。

「平成」這個年號，取自中國《史記》「內平外成」和《尚書》「地平天成」兩句，其含義曰內外、天地都要實現和平。平成時期基本上撫平了戰爭對日本造成的傷痛，多數日本人對這三十一年間的生活，大致是感到滿意的，並且迎來了人民普遍長壽的高齡化社會。用「前平後成」四字來表述這個跨世紀時代的特色，是頗為合適的。

昭和天皇與皇后婚後生了四個女兒，1933 年 12 月 23 日，明仁親王出生，成為未來皇位的接班人，一年後隆重舉行皇太子命名儀式，命名為「繼宮明仁」。依照皇室慣例，明仁在 1937 年 3 月搬出皇宮，住進赤坂的「東宮臨時御所」，與父母姊弟分開居住。

1940 年 4 月，明仁進入學習院初等科就讀。日本戰敗投降前夕，日本政府任命東京帝國大學的穗積重遠（1883-1951）博士為東宮大夫。穗積重遠是法學家，被稱為日本民法之父。戰後，明仁繼續在學習院學習；1952 年 3 月高等科畢業，升入學習院大學政治經濟學部政治學科。

1952 年 8 月，舉行立太子禮之後，明仁皇太子的婚姻問題被提上議事日程。他有自己的主見，鍾情在網球場上邂逅的一位平民女子，她就是當時日清製粉社社長正田英三郎（1903-1979）的長女正田美智子。這個選擇引起部分皇族勢力反對，卻得到社會上大部分國民的理解和欣賞，1959 年 4 月 10 日在東京舉行婚禮時，全國上下為之沸騰。婚後育有二子一女，第一皇子就是現在的日皇德仁。次子是禮宮文仁親王，女兒是紀宮清子。

在鑽研學問方面，明仁專攻魚類學，主要研究鯊魚的分類，發表過多篇論文，〈日本產魚類大圖鑑〉（1984）中的鯊魚條目，就是由他撰寫。另又著有《日本的淡水魚類》一書。他愛好的活動，包括大提琴、馬術、網球、游泳、滑雪等。

1989 年 1 月 9 日，日皇明仁在皇宮正殿「松之間」舉行即位後的朝見儀式，在內閣總理大臣竹下登等二百多人面前，正式宣佈按照《日本國憲法》和《皇室典範》所定的條款繼承皇位。根據調查，日本國民對這位天皇是「感到親切」的，其後三十年間，仍然保持着這個看法。

不過，昭和後期經濟高速增長的盛況，在平成時期成為過去，經濟低迷的現象，一直困擾着日本社會。此外，還出現了特大天災，1995 年的阪神・淡路大地震，及 2011 年本州東北部發生三一一大地震和海嘯，都造成嚴重破壞，後者至今仍有後遺症。此外，還有 2014 年長野、岐阜縣境的御嶽山噴火，及 2016 年熊本縣的熊本地震等。豪雨、大雪、龍捲風之類的災害也時有發生。

學術界對平成時代的評價，是比較嚴苛的。主要從事社會、文化研究的東京大學教授吉見俊哉主編的《平成史講義》（奚伶譯，上海：東方出版中心，2021），認為戰後形成的日本式體系在這個時代走向瓦解。全書共有十講，吉見俊哉在〈昭和落幕〉中強調 1989 年是戰後日本的終結，野中尚人的〈改革的歸宿〉論述大轉換期的平成政治，金井利之的〈官僚體制、地方自治體制的閉塞〉認為平成是「失去的三十年」，石水喜夫的〈日本企業的前途〉「以社會保守化與官制春鬥」為言，本田由紀的〈年輕人的困境、教育的陷阱〉從教育政策的變化談到年輕人的「現實主義」，音好宏的〈大眾傳媒的窘境〉着眼網絡的伸展及其未來，北田曉大的〈平成自由主義的消長與功過〉提問：「社會自由主義有可能嗎？」新倉貴仁的〈中產階級空心化〉論及 1990 年代以後主體範疇的混亂導致中產階級相關的所有範疇也遭到涉及，佐道明廣的〈冷戰瓦解〉從三個方面 —— 國際秩序、日美安保體制、世界觀的變化闡述冷戰結束給日本造成的影響，吉見俊哉的〈美國衰退、日本漂流〉強調自二十一世紀頭十年以後，世界的多極化趨勢越加強化，平成日本依然是一個不穩定的時代，社會上的貧富差距、矛盾、離心力正在擴大。

2019 年 4 月 30 日，日皇明仁舉行「退位之禮」，讓位給皇太子德仁親王，平成時期宣告落幕。上一次天皇在生時退位，是二百年前的光格天皇（1771-1840），1779 至 1817 年在位，由第六皇子繼位為仁孝天皇（1800-1846）。

2019 年 5 月 1 日，德仁親王舉行「即位之禮」，成為第一百二十六代天皇，年號「令和」。這個年號選自日本古籍《萬葉集》，當中有「初春令月，氣淑風和」的詩句。《萬葉集》是最早的和歌集，共二十卷，八世紀後半成立，令和是日本首個不直接由中國古籍選出的年號。近三十多年來，日本的年輕世代備受動漫潮流和網絡文化等新事物的影響，思想觀念和行為模式，與先前兩三代的日本人大異其趣。「明治人」、「大正人」甚至昭和前期出生的人，已經漸行漸遠，具有「撫平戰時傷痛，養成高齡社會」性格的平成時期，又以其跨世紀的關鍵時刻，孕育了「平成之青年」世代。今後日本何去何從，是令和日本人的時代課題。日本政界企圖走向修改和平憲法之路，是世人普遍感到憂慮的。

第一章　政治、法制與經濟

竹下登是昭和時期過渡到平成時期的首相，任期由 1987 年 11 月 6 日至 1989 年 6 月 3 日。宇野宗佑開始，直至安倍晉三的三十一年間，總共有十六位首相，平均每人的任期不到兩年。其中三次組閣的安倍晉三，是日本憲政史上在任時期最長的首相。一眾首相之中，除少數生於 1910 年代和 1920 年代之外，以生於 1930 年代的人數最多，生於 1940 年代的人數次之，在平成後期擔任首相的野田佳彥和安倍晉三，則是 1950 年代出生。

從政黨更替的角度來看，自由民主黨執政的紀錄幾度中斷，日本新黨、日本社會黨、民主黨都曾上台，自民黨也曾與公明黨成立聯合政權。具體地說，自民黨的竹下登、宇野宗佑、海部俊樹、宮澤喜一相繼出任首相之後，於 1993 年 8 月至 1994 年 4 月擔任首相職位的，是日本新黨的細川護熙。他在 1971 年後兩次當選參議員，屬自民黨田中派，1983 年在熊本競選縣知事成功，致力於熊本的地方事務，被譽為「地方時代」的旗手。1992 年 5 月組織日本新黨，次年 7 月大選當選為眾議員，8 月「七黨一派」聯合內閣組成，細川護熙被推舉為內閣首相。著有《掌權勿超過十年》、《日本新黨有責任的變革》、《細川護熙作品集》等。

其後民主黨的羽田孜、日本社會黨的村山富市相繼出任首相。1996 年 1 月至 2009 年，橋本龍太郎、小淵惠三、森喜朗、小泉純一郎、安倍晉三、福田康夫、麻生太郎七位首相，都屬自民黨。2009 年 9 月至 2012 年底，鳩山由紀夫、菅直人、羽田佳彥三位首相則屬民主黨。

外交方面，日美關係固然重要，日中關係則經常引起注目。日皇明仁對中國持友好態度，認為日中關係對日本是至關重要的，他於 1992 年 10 月訪問中國，成為歷來首位訪華的日本天皇。日本政界和民間，都不乏致力促進日中友好的人士。

1.1 宇野宗佑：平成元年出任首相

1. 有文學才華的政治家

宇野宗佑（1922-1998），政治家。滋賀縣守山市人。祖傳十八代酒坊之子。他在神戶商業大學就讀時，因被徵兵而輟學。日本戰敗投降，他被蘇聯扣押了兩年。1960 年起，連續十二次當選眾議院議員，是自民黨內中曾根派主要成員。歷任防衛廳、科學技術廳、行政管理廳長官，通產相、外務相，及自民黨國會對策委員長、代理幹事長等。

1989 年 6 月，竹下登內閣因利庫路特事件總辭職，宇野宗佑被推舉為自民黨總裁，就任內閣首相。上台不久，自民黨在參議員改選中大敗，他引咎辭職，其後擔任自民黨最高顧問。宇野宗佑在文學方面頗有名氣，他的《回到東京》憶述二十六歲時被拘押的生活，曾拍成電影；此外，還出版了俳句集《王朝》、《紅隈》，小說《莊屋平兵衛獄門記》，及地方史《中仙道守山宿》等。

2. 日本的消費稅

平成時期日本民眾關注的民生問題之一，是消費稅的徵收。消費稅是指政府對於消費者的消費行為，進行課稅的稅金總稱。日本的消費稅，屬於增值稅。1978 年，首相大平正芳首次提出消費稅構想，但因自民黨選舉失利而取消。1986 年，首相中曾根康弘改以「銷售額稅」再次提出，亦不成功。

1988 年，消費稅構想於首相竹下登在任時終於實現；翌年 4 月 1 日施行《消費稅法》，稅率為 3%。1997 年 4 月 1 日，增至 5%。2014 年 4 月 1 日，增至 8%。2016 年首相安倍晉三宣佈稅率會繼續上升，後於 2019 年 10 月 1 日增至 10%。

【人物群像】

■海部俊樹：一度組織新進黨

海部俊樹（1931-2022），政治家。愛知縣一宮市人。中央大學專科部法科、早稻田大學法學部及大學院畢業。曾任自民黨秘書協會代表、青年部中央常任委員。1960年起，多次當選眾議員。歷任自民黨青年局學生部部長、青年局局長、國會對策委員會委員長等職。

1973年，海部俊樹任自民黨人事局局長，次年任內閣官房副長官。1976至1977年，任福田內閣文部大臣。1989年當選自民黨總裁，出任內閣首相，是日本第一位昭和時期出生的首相。在任期間對內主張實行政治改革，對外開展睦鄰外交。

1991年波斯灣戰爭，海部俊樹沒有應美國要求派遣自衛隊參戰，但提供一百三十億美元巨額金援；戰事結束後，他派出海上自衛隊掃雷艇到海外執行任務。在政治改革方面，他曾向國會提出實施小選舉區制度等方案，但遭到黨內反對，未能通過。

1994年底，海部俊樹與小澤一郎、羽田孜等組成新進黨，任黨魁；新進黨解散後，他擔任過自由黨、保守黨、保守新黨的最高顧問。2003年11月，重返自民黨。2005年眾議院選舉，第十六度當選眾議員。2009年眾議院選舉落敗後，退出政壇。

■宮澤喜一：中斷自民黨長期執政局面

宮澤喜一（1919-2007），政治家。廣島縣福山市人，生於東京。父兄均從政。1942 年畢業於東京帝國大學法學部，入大藏省供職，曾任首相池田勇人秘書。1953 年後，兩次當選參議院議員，十次當選眾議院議員，深得池田勇人、鈴木善幸信任，歷任經濟企劃廳長官、通產相、外務相、大藏相、內閣官房長官，及自民黨總務會長等職。

1986 年，鈴木派改稱宮澤派，宮澤喜一成為自民黨內保守派的領袖人物。1991 年接替海部俊樹任首相，任內由於政治改革裹足不前及恢復經濟政策乏力，導致自民黨分裂。在 1993 年 7 月大選中，自民黨大敗，眾議院席位不及半數，宮澤喜一因而引咎辭職。首相由社會黨的村山富市出任，自民黨政權長期連續執政的局面至此中斷。有《宮澤喜一回憶錄》。

■羽田孜：「點子專家」出任總理大臣

羽田孜（1935-2017），政治活動家。東京人。自稱其先祖是秦代徐福的下屬，「羽田」在日語中與「秦」同音。1958 年成城大學經濟學部畢業，在小田急巴士公司擔任企劃調查課課長，他千方百計招徠顧客，被稱為「點子專家」。1969 年，羽田孜當選眾議院議員，是自民黨田中派——竹下派骨幹，曾任農林水產相、大藏相，主張積極進行政治改革，擔任自民黨選舉制度調查會會長。

1993 年 6 月，羽田孜因政治改革問題及與黨內、派內其他成員出現分歧，遂與小澤一郎等人另組新生黨，任黨魁，於同年 7 月的大選中第九次當選眾議員，在細川護熙多黨聯合內閣中任副總理兼外相。1994 年 4 月，當選內閣首相。在任僅兩個多月。

■奧田敬和：著名的「外交通」

奧田敬和（1927-1998），政治人物。生於石川縣石川郡。早稻田大學政治經濟學部出身。曾任北國新聞社記者、石川縣議會議員、自民黨副幹事長。

平成時期，奧田敬和任第二次海部內閣自治相、宮澤內閣運輸相，被認為是有數的外交通，屬竹下派、羽田派。經新生黨、新進黨，參加成立太陽黨，1998 年參加民主黨。獲頒正三位勳一等旭日大綬章。

1.2 橋本龍太郎：「竹下派七奉行」之一

1. 從政和登位首相之路

橋本龍太郎（1937-2006），政治家。祖籍岡山縣總社市，生於東京。出身慶應義塾大學法學部政治學科。1963 年首次當選眾議院議員，加入田中派，擔任自民黨政調會長、幹事員，及厚生大臣、運輸大臣、通產大臣、大藏大臣。

1987 年，橋本龍太郎參與竹下登成立經世會，被視為旗下大將，與小淵惠三、小澤一郎等並稱為「竹下派七奉行」。1992 年支持小淵惠三當選竹下派會長，任副會長；羽田孜、小澤一郎等，另建立羽田派。1995 年，橋本龍太郎參選自民黨總裁，成功當選，接替河野洋平。1996 年 1 月，社會黨首相村山富市辭職，橋本龍太郎接任內閣總理大臣，至 1998 年 7 月辭職。2000 年，任平成研究會會長；同年底，任行政改革擔當大臣。2003 年，任自民黨沖繩振興委員會會長。2005 年退出政壇。

2.「竹下派七奉行」成員

竹下派七奉行是自由民主黨內，竹下派七名骨幹人物的總稱。「奉行」是平安時代至江戶時代的一種官職或軍職。竹下派七奉行包括：橋本龍太郎、小淵惠三、小澤一郎、羽田孜、梶山靜六、渡部恆三、奧田敬和。

他們都是日本政壇上有名的人物，羽田孜、橋本龍太郎、小淵惠三先後出任總理大臣；梶山靜六（1926-2000）曾任官房長官，渡部恆三（1932-2000）曾任眾議院副議長，奧田敬和曾任郵政大臣。小澤一郎脫離自民黨，多次出任最大在野黨的黨魁。

【人物群像】

■小淵惠三：外號「平成大叔」的首相

小淵惠三（1937-2000），政治家。生於群馬縣中之條町。1962 年早稻田大學文學部畢業，次年贏得他父親小淵光平在眾議院佔有的席位，成為被選入國會的最年輕議員。1973 年被任命為首相辦公室副主任，1987 年任內閣秘書長。他在促成自由民主黨內各派系之間的妥協和解方面，有相當的表現，1984 年任副秘書長，1993 年任秘書長；1997 年擔任外務大臣。

1998 年 7 月，小淵惠三接替橋本龍太郎出任自民黨總裁，擔任首相，以明快的態度處理國家經濟問題。削減所得稅和增加支出的政策，取得短期效果，日本經濟在 1999 年中有所增強，扭轉了經濟下滑的局面。但次年小淵惠三因中風而陷入昏迷，六星期後去世。

小淵惠三是業餘無線電玩家，曾任國會業餘無線電俱樂部會長。他有個外號，叫做「平成大叔」，因他擔任竹下登內閣的官房長官時，在昭和天皇駕崩當天下午的記者會上，由他公佈新的年號「平成」，並恭敬地展示了寫有新年號的紙板。

■西園寺公一：日本政界元老

西園寺公一（1906-1993），政治活動家。東京都人。前內閣總理西園寺公望之孫。1930 年畢業於牛津大學政治經濟學科，次年回國，1934 年任外務省顧問，1936 年起，任日本太平洋問題調查會主事、事務局長，日本國際問題調查會會長。1940年中以後，任近衛第二、三次內閣顧問。

戰後，西園寺公一任《世界畫報》社社長；1952年，任《日曜新聞》編輯。1955至1957年，任駐維也納世界和平理事會書記處書記；1958年到中國任亞洲及太平洋區域和平聯絡委員會副秘書長，此後長期在中國從事日中友好活動。1970年返回日本後，任日中文化交流協會常任理事、日中友好協會顧問。中國人民對外友好協會授予「人民友好使者」稱號。著有《貴族的退場》、《釣魚迷》、《北京十二年》、《勞動人民的國家》等。

■櫻內義雄：積極支持日中關係正常化

櫻內義雄（1912-2003），政治家。生於東京都。1935年畢業於慶應義塾大學經濟學部，擔任其父櫻內幸雄（1880-1947）藏相的秘書，同時經營日本電化公司。

1947至1993年間，櫻內義雄曾一次當選參議院議員，及連續十七次當選眾議院議員，1990年出任眾議院議長至1993年。他是自民黨中曾根派成員，自民黨元老，曾任政調會長、幹事長，歷任內閣通產相、農林相、建設相、國土廳長官、科技廳長官、外務相。

櫻內義雄曾與宇都宮德馬創立改善日中邦交研究會，積極支持日中關係正常化。他長期擔任日本國際貿易促進協會會長，致力推進日中經貿關係的發展。

■石原慎太郎：「日本可以說不」

石原慎太郎（1932-2022），政治人物。生於兵庫縣神戶市。一橋大學法學部畢業。1956年，他以短篇小說

《太陽的季節》獲芥川獎；後由其弟石原裕次郎拍成電影，一時掀起「太陽族」的潮流。「太陽族」是指那些無視既有秩序、行動奔放又沒有軌道的年輕人。

1968 年，石原慎太郎以自民黨籍參議員身份進入政壇。四年後改任眾議員。曾擔任環境廳長官和運輸相。他與索尼公司創始人盛田昭夫合著《日本可以說不》（*The Japan that Can Say No*），強調日本應該在各個領域（包括經濟和外交）提高自主地位，尤其是相對於美國的自主地位。當時日、美兩國，因為貿易逆差出現了摩擦。該書自 1989 年出版後，成為討論熱點，有中英文等譯本。

同年，石原慎太郎在自民黨總裁選舉中，敗給對手海部俊樹，後於 1990 年代中退出自民黨。1999 至 2012 年，他四度當選東京都知事。其間於 2008 年出席北京奧運會的開幕儀式。後又代表其他政黨，短暫回任眾議員。政見方面，石原慎太郎一向被視為日本右翼的「急先鋒」；以親台和反華立場知名，曾導致中日關係惡化。2014 年大選落敗後，退出政壇。

■安倍晉三：日本憲政史上執政最長的首相

安倍晉三（1954-2022），政治家。本籍山口縣，生於東京。出身政治世家，外祖父岸信介和外叔公佐藤榮作曾任首相，父親安倍晉太郎曾任外務大臣。安倍晉三畢業於成蹊大學政治系，主修行政學；留學美國，在南加州大學攻讀政治。1993 年首次當選眾議員，至 2022 年連任十屆。2005 年任內閣官房長官，次年 9 月至 2007 年 9 月任首相，2012 年 12 月至 2020 年 9 月第二次任首相，是日本憲政史上在任最長的首相。2021 年 11 月起，成為自民黨內最大派系清和政策研究會領導人。翌年7月8日，安倍晉三在奈良市大和西大寺站外的馬路旁，為所屬自民黨參選者助選，於發表演說時遇襲，中槍後不治。兩天後，執政自民黨在參議院大選中取得單獨過半數席次的勝利。7月12日，安倍晉三的葬禮在東京的淨土宗大本山增上寺舉行。

安倍晉三在外交方面，提升並鞏固了日美同盟關係，並提出「自由開放的印度太平洋構想」，外訪多達一百七十六次。他着意修改日本憲法，強調要把自衛隊寫入憲法第九條。對內方面，「安倍經濟學」主張貨幣寬鬆、經濟刺激和結構性財政改革，被認為扭轉了日本「失去的二十年」的經濟低迷乃至停滯不前的頹勢，但也有人批評他造成貧者越貧、富者越富的社會現象。

1.3 土井多賀子：憲政史上首位女議長

1. 日本社會黨政治家

土井多賀子（1928-2014），政治人物、法學家。兵庫縣神戶市人。1956年同志社大學畢業，獲碩士學位，先後在同志社大學、關西學院大學等校執教，同時兼任兵庫縣保衛憲法會事務局局長。

1969年，土井多賀子當選為眾議院議員。1983年任日本社會黨副委員長，1986 年任委員長。1989 年 7 月參議院改選，社會黨議席倍增；9 月，她提出「土井構想」的新政治挑戰，內容包括組織聯合政權、推進穩步改革、建議國民富裕生活、國際共同繁榮、共同安全保障。

但社會黨在 1990 年 2 月大選中受挫，次年 7 月又於地方統一選舉中失利，土井多賀子辭去委員長職務。1993 年再次當選眾議員，並由社會黨、新生黨等聯合執政黨推舉，就任眾議院議長，成為日本憲政史上第一位女議長。三年後御任。2000 至 2008 年間，任社會黨國際副議長。

2. 社會黨建立三黨聯合政權

1994 年 4 月，羽田孜組閣時，社會黨退出聯合政府成為在野黨。同年 6 月 29 日，社會黨委員長村山富市當選為首相，建立社會黨、自民黨、先驅黨（新黨魁黨）三黨聯合政權。截至 1994 年 7 月，社會黨在眾議院有七十三席，參議院有六十八席（包括護憲民主聯合八席）。

社會黨曾於 1947 年 4 月的眾議院選舉中，獲得一百四十三個席位，成為第一大黨，組成以片山哲為首相的聯合內閣。四十多年後，1990 年 4 月，在東歐發生劇變後，社會黨召開第五十五次大會，提出聯合所有社會民主主義勢力。

1995年8月15日，村山富市在第二次世界大戰結束五十週年紀念會上發表村山談話，表示日本必須對給亞洲造成的痛苦自我反省，並針對日本的侵略殖民歷史，表示他最深切的愧疚和由衷的歉意。他臉上一對長長的白眉毛，使日本人有深刻的印象。

【人物群像】

■八百板正：日本社會黨人物

八百板正（1905-2004），政治家。福島縣出身。福島中學校中輟，1929年因組織農民協會入獄，1933年當選為日本全國農民組合中央委員，戰後任書記長。

1947年，八百板正代表日本社會黨，在第二十三屆眾議院議員總選舉中當選，其後連任十一屆眾議員。1958年，出任全日本農民組成聯合會會長。1980年在第十二屆參議院選舉的福島縣選舉區中，當選為參議院議員。日本社會黨再統一後，擔任黨中央執行副委員長、社會黨參議院議員會長。1992年引退。在任期間，致力於增進日本與中國的民間往來和農業技術交流。

■久保亙：曾任內閣副總理

久保亙（1929-2003），政治人物。生於鹿兒島縣。廣島文理科大學（現廣島大學）史學科出身。曾任參議院議員、鹿兒島縣議會議員，第一次橋本內閣副總理、大藏大臣。

此外，久保亙擔任過日本社會黨書記長、社會民主黨副黨首、民主改革聯合最高顧問、民主黨參議院議員會長等職務。獲頒大綬勳章一等正三位。2001 年退出政壇。

■山岸章：日本工運界領袖

山岸章（1929-2016），社會活動家。生於大阪赤貧之家。日本戰敗投降後，他開始在富山縣從事工人運動。1954 年成為日本社會黨黨員。1967 年任全電通中央執行委員，歷任政治部部長、交涉部部長、組織部部長。1974 年任全電通中央本部書記長，1982 年任全電通中央執行委員長。

1989 年，山岸章出任日本勞動組合總聯合會會長；次年，任國際自由勞聯副會長，成為日本工運界頭號人物，在政界有較大影響。他推行以社會黨、公明黨、民社黨為核心的在野黨聯合路線，希望形成兩黨制。著有《今後的勞動運動》、《日本電信電話有明日嗎？》、《聯合向改革世道的挑戰》等。

1.4 宮本顯治：日共最高領導人之一

1. 戰前的經歷

宮本顯治（1908-2007），政治家。生於山口縣光市。他在松山高等學校讀書時，組織社會科學研究會；在東京帝國大學讀書時，組織馬克思主義學習會。1929 年，以文學評論《敗北的文學》獲《改造》雜誌獎。1931 年東大經濟學科畢業後，加入日本共產黨和日本無產階級作家聯盟，擔任日共中央政治局委員、書記處書記等職。1933 年被捕，至 1945 年 9 月出獄。不久出版了他與宮本百合子的獄中書信集《十二年的書簡》。

2. 戰後的活動

1958 年，宮本顯治任日本共產黨書記長；翌年率領日共代表團訪問中國，日本共產黨與中國共產黨簽署兩黨聯合聲明。1970 年任日共委員長，培養不破哲三建立「宮本體制」，在國內和國際的複雜環境中，推行獨自的「宮本路線」。1982 年改任日共主席，在此前後，1977 年和 1983 年兩次當選參議院議員。著有《日本革命的展望》、《宮本顯治文藝評論集》四卷等。

【人物群像】

■坂野參三：在延安建立日本工農學校

坂野參三（1892-1993），日本共產黨創始人和領導人之一。山口縣萩市人。1917 年畢業於慶應義塾大學理財科，1920 年加入英國共產黨，回國後，參與創立日本共產黨，任日本勞動運動總同盟顧問。其後曾兩次被捕。1931 年，他作為日共中央委員，擔任日共駐共產國際代表。次年，參加制定《關於日本形勢與日本共產黨的任務綱領》。1935 年，在共產國際第七次代表大會上，當選為執行委員，主張在日本建立反對軍部法西斯政權的統一戰線，主持翻譯《蘇聯共產黨小史》。

1940 年，坂野參三到中國延安，組織日本人反戰聯盟，曾以筆名「岡野進」、「林哲」撰文反對日本帝國主義；又在陝西延安建立日本工農學校，為中國的抗日戰爭和國際反法西斯鬥爭作出貢獻。戰爭結束後，於 1946 年回國，同年當選為參議院議員，主張制定主權在民的民主憲法。1950 年他被作為「和平革命論」者，受到共產黨情報局批判。1955 年擔任日共中央委員會第一書記，次年當選為參議院議員，任眾參兩院議員，長達二十五年。1958 年任日共主席，1982 年任名譽主席；1992 年被解除名譽主席之職，同年底遭開除出黨。著有《野坂參三》、《風雪旅程》等。

■藏原惟人：致力於社會活動的文藝評論家

藏原惟人（1902-1999），東京人。1924 年畢業於東京外國語學校俄語科，次年到莫斯科東方勞動者共產主義大學學習；回日本後，於 1927 年創立勞農藝術家聯盟、前衛藝術家同盟。1931 年參與成立日本無產階級文化聯盟，次年被捕及判處七年徒刑。

戰後，藏原惟人致力於日本共產黨的重建，歷任文化部長及《前衛》總編輯等職；1950 年，任新日本文學會常任幹事。1955 年日共公開後，擔任中央委員和中央文化指導部負責人。1957 年到蘇聯參加十月革命四十週年慶祝活動，1959 年到中國參加國慶十週年慶祝活動。1965 年創立日本民主主義文學同盟，擔任常任幹事。著有《藏原惟人評論集》七卷。

■宇都宮德馬：自由主義者和外交通

宇都宮德馬（1906-2000），政治活動家、企業家。東京人。他在京都帝國大學經濟學部就讀時，因「不敬罪」被捕而輟學。1930 年曾加入日本共產黨。戰後於 1946 年加入自由黨。1952 年起，連續十次當選眾議院議員；1980 年代，兩次當選參議院議員。1976 年因抗議自民黨政府處理金大中事件偏頗，宣佈脫離自民黨，辭去議員職務，成為新政俱樂部的代表。1980 年獲頒動一等瑞寶章。

宇都宮德馬致力恢復和發展日本與中國、蘇聯、朝鮮的關係，對中日關係的改善作出貢獻，中國人民對外友好協會於 1991 年授予「人民友好使者」稱號。著有《和平共存與日本外交》、《七億人鄰邦》。

■田中美智子：國際民主婦聯理事

田中美智子（1922-2019），政治活動家。廣島市人。日本女子大學家政科畢業，歷任三重縣師範學校教員、名古屋家庭法院調解委員、廣播節目審議會員、日本婚姻介紹中心協商部部長、日本福利大學副教授、愛知縣和平委員會副會長、國際民主婦聯理事等職務。

1972 年底開始，至 1980 年中，田中美智子曾三度當選眾議員，屬日本共產黨。著作方面，有《女學生》、《戀愛、結婚及其意義》、《致未婚的男女》等。

■緒方貞子：國際活動及貢獻

緒方貞子（1927-2019），國際政治學者。生於東京。其父中村豐一是外交官，外曾祖父是犬養毅。她童年時曾在美國和中國生活。聖心女子大學文學部畢業，加州大學柏克萊分校博士。回國後，任教於國際基督教大學和上智大學。

1976 年，緒方貞子出任日本駐聯合國代表團公使。1991 至 2001 年，任聯合國難民處高級專員。2003 年，任國際協力機構理事長。同年獲文化勳章。著有《戰後日中、美中關係》、《滿洲事變：政策的形成過程》等。

1.5 菊池善隆：以植樹促進日中友好

1.「綠化贖罪」的使者

菊池善隆（1906-1990），農藝家。日本侵佔中國東北時，他在「滿鐵」工作。日本戰敗投降後，他對日本過去的侵略行徑漸有清楚的認識。

1970 年代起，菊池善隆致力幫助中國搞綠化事業，曾五次率領追悼南京大屠殺遇難者捐獻綠化代表團訪華，著有《綠化贖罪》。他把日本良木樺樹樹種四百公斤和各種苗木四萬餘株捐贈給中國，在北京、鄭州、西安、濟南、青島、洛陽、南京、杭州、上海等城市培育；南京的日中友好梅樹林，就有一萬株之多。

1986 年起，日中協會就開始組團到南京植樹。作為植樹團團長，菊池善隆說，綠色是生命之源、和平之力，所以要把一年一度到南京植樹的活動堅持下去。

2. 為日中友好奠下根基

1990 年菊池善隆逝世後，曾任日本首任駐華公使的林祐一接任植樹團團長。其後繼任的團長，都是民間人士，他們憑着真誠和良心，希望達到「以民促官」

的目的，樹立正確的歷史觀，為建立真正的日中友好打下堅實的基礎。時至今天，日本友人在南京珍珠泉公園內種植的各種樹木，已超過五萬株了。

【人物群像】

■古井喜實：促進日中友好人士

古井喜實（1903-1995），政治活動家。鳥取縣八頭郡人。1925 年畢業於東京帝國大學法學部，入內務省供職，任局長、縣知事、內務次官。此後以律師為業。

1952 年後，古井喜實共十一次當選眾議院議員，活躍於政界，曾任厚生相、法務相等職。日本公法學會成員。1973 年，日本政府授予勳一等瑞寶章；1982 年，授予勳一等旭日大綬章。

古井喜實從事日中友好事業多年，為日中邦交正常化作出貢獻。曾任日中友好會館會長。1991 年，中國人民對外友好協會授予「人民友好使者」稱號。

■小坂善太郎：致力中日邦交正常化

小坂善太郎（1912-2000），政治家。生於長野縣。1935 年東京商業大學畢業，曾在三菱銀行及信越化學工業公司任職。1940 年任駐意大利使館秘書。戰後曾多次當選眾議員。1960 年任池田內閣外務大臣。1964 至 1971

年，任自民黨外交調查會副會長、會長，兼中國問題委員會委員長。

1972 年，小坂善太郎任自民黨日中邦交正常化協議會會長；同年，他率領代表團訪華。1976 年任外務大臣，1980 年任自民黨外交調查會會長。著《我所見到的中國》，客觀地向日本人介紹中國的情況。著有《議員外交四十年》。

■飛鳥田一雄：率領國民會議代表團訪華

飛鳥田一雄（1915-1990），政治家。生於神奈川縣橫濱市。1937 年畢業於明治大學法律系，任職律師。1945 年加入社會黨，歷任中央執行委員會委員、法規對策委員會委員長、國民運動委員長，及社會黨副委員長、中央執行委員長。多次當選眾議員。1963 至 1978 年擔任橫濱市長。

1971 年，飛鳥田一雄率領恢復日中邦交國民會議代表團訪華，此後又多次到中國進行友好訪問。著有《飛鳥田一雄回想錄：生生流轉》。

1.6 橫田喜三郎：國際法學權威

1. 戰前事蹟

橫田喜三郎（1896-1993），法學家、法官。生於愛知縣。1922 年畢業於東京帝國大學法律學科，任助教、副教授，1930 年升教授。同年作為日本代表團成員，參加倫敦海軍裁軍會議，首席全權是若槻禮次郎。

橫田喜三郎長期從事法學研究，其純粹法學理論以精密的實證性和完整體系著稱，並在此基礎上，形成其國際法學觀點。1945 年，以《國際裁判之本質》獲法學博士學位。

2. 戰後的活動

戰後，橫田喜三郎發表論文〈東京審判在國際上的意義〉，並領導日本國際法學界對安全保障、和平機構、佔領體制、戰爭犯罪、日本新憲法等，進行積極研究。

1960 至 1966 年，橫田喜三郎任最高法院院長。1966 年獲頒勳一等旭日大綬章，1975 年成為文化功勞者，1977 年獲頒勳一等旭日桐花大綬章，1981 年獲頒文化勳章，1983 年獲頒紺綬褒章及獎杯。1990 年任國際科學技術財團會長。

橫田喜三郎著作甚多，戰前有《國際法》、《國際裁判的本質》、《海洋的自由》。戰後有《戰爭的放棄》、《戰爭犯罪論》、《國際法的基礎理論》、《日本的講和問題》、《自衛權》、《國際法學》、《純粹法學論集》二冊、《國際法論集》二冊、《我的一生》等。

【人物群像】

■石井良助：日本法制史專家

石井良助（1907-1992），法學者、歷史學家。生於東京。東京帝國大學法學部畢業，任助教、副教授；1937 年，以論文〈中世武家不動產訴訟法之研究〉獲法學博士學位。1942 年升任東大教授，至 1968 年退職，為名譽教授。其後，續在專修大學法學部、創價大學法學部任教。

石井良助編集《德川禁令考》、《藩法集》等史料，著有《日本法制史概說》、《日本史概說》、《大化改新與鎌倉幕府之成立》、《江戶時代漫筆》七集、《日本婚姻法史》、《日本團體法史》、《民法典之編纂》、《日本刑事法史》、《刑罰之歷史》、《女人差別與近世賤民》等。

石井良助獲頒獎項，計有紫綬褒章（1970）、勳二等旭日重光章（1978）、「文化功勞者」（1984）等。

■團藤重光：刑事法學者

團藤重光（1913-2012），法官、法學者。生於山口縣山口市。東京帝國大學法學部畢業，留校任教。1962 年獲東京大學法學博士學位，其論文題為〈訴訟之發展與判斷的標準〉。1963 至 1965 年，任東大法學部部長。1974 年退職，任慶應義塾大學教授。

團藤重光榮獲獎項，包括「文化功勞者」、勳一等旭日大綬章、文化勳章等。主要著作有《新刑事訴訟法綱要》、《刑法紀行》、《死刑廢止論》、《法學之基礎》等。

■豬木正道：防衛大學校長

豬木正道（1914-2012），法學博士。三重縣人。1937 年畢業於東京帝國大學經濟科，曾在三菱信託公司、三菱經濟研究所任職，後任成蹊大學教授。

1970 年，豬木正道任防衛大學校長。次年，獲京都大學名譽教授職銜。1978 年，任和平與安全保障研究所理事長。著有《俄國革命史》、《共產主義系譜》、《政治學新講》等。

■伊藤正己：英美法及憲法學者

伊藤正己（1919-2010），法務官僚、裁判官。生於兵庫縣。兵庫縣立第一神戶中學校、第一高等學校、東京帝國大學法學部畢業。曾任司法省調查科，及在專修大學任教。其後任法務廳調查意見局調查員、東京大學法學部部長。1980 年任最高裁判所判事。1990 年代，任日本育英會會長、財團法人國際科學技術財團會長。

伊藤正己主要從事關於言論、出版自由的研究，1960 年取得東京大學法學博士學位。著有《憲法入門》、《注釋憲法》、《憲法》等。他榮獲的獎項，包括勳一等旭日大綬章、文化勳章、文化功勞者等。

■野村浩一：立教大學法學部部長

野村浩一（1930-2020），政治思想史學者、法學博士。生於京都府。東京大學畢業後，參與編寫《亞洲歷史辭典》。1960 年任立教大學法學部副教授，1974 年升教授，次年任法學部部長，並主講「東洋政治思想史」。1990 年後為名譽教授，續任專修大學法學部教授。1992 至 1994 年，出任日本現代中國學會理事長。

1972 年，野村浩一參加《朝日市民教室：日本與中國》的編寫工作。1977 年，任日中文化交流協會常任理事。著有《中國之歷史（9）：人民中國的誕生》、《從國共分裂到解放戰爭》、《近代中國的政治與思想》、《近代中國的思想世界：〈新青年〉群像》、《人類的知識遺產（76）毛澤東》，與政治家近藤邦康等合編《新編原典中國近代思想史》七卷（2010-2011）。其《近代日本的中國認識：走向亞洲的航踪》有中譯本。

1.7 平岩外四：日本經濟界首腦

1. 東京電力公司社長

平岩外四（1914-2007），經營者、財界人物。愛知縣常滑市人。幼年喪父，由母親撫養長大。他母親不顧家人反對，讓他上大學讀書。1939 年畢業於東京帝國大學法學部，入東京電燈公司（東京電力前身）任職。

其後，平岩外四在東京電力公司得到社長木川田一隆（1899-1977）的賞識，1964 年任總務部部長，1976 年任社長。同年獲頒藍綬褒章，1984 年受勳一等瑞寶章，1987 年獲大英帝國勳章 KBE。

2. 擔任經團聯會長

1978 年，平岩外四擔任日本經濟團體聯合會（經團聯）副會長，1990 年就任會長，制定經團聯企業行動憲章。1993 年，自民黨長期政權結束後，平岩外四主張推行兩黨制，並決定由 1994 年起，經團聯不再募集、提供企業政治捐款。

此外，平岩外四還擔任政府經濟審議會、運輸審議會、外匯審議會會長，日本電氣事業聯合會會長，是日本能源問題的權威人物，在財界和經濟界都有重要影響力。2006 年，獲頒桐花大綬章。

【人物群像】

■齋藤英四郎：鋼鐵業代表人物

齋藤英四郎（1911-2002），企業家。新潟人。1935年畢業於東京帝國大學經濟學部，入三菱礦業公司任職。1941年受聘進入日本製鐵公司（新日本製鐵公司前身）；戰後，於1977年任該公司總經理，1981年任董事會會長。

1986年，齋藤英四郎出任經團聯第六任會長。他還兼任日本鋼鐵聯盟名譽會長、鋼材俱樂部理事長、日本鋼鐵出口組合董事長、日經聯顧問、經濟同友會終身幹事、國際鋼鐵協會副會長，在財界和政界都有很大的影響力。曾獲藍綬褒章、巴西利奧布蘭卡勳章、民主德國德累斯頓工科大學名譽博士稱號及日本勳一等瑞寶章。

經濟同友會是1946年設立的經營者團體，參加的人是以個人資格作為會員，這與經團聯和日經聯（日本經營者團體聯盟）是不同的，因此經濟同友會不牽涉各個企業或行業的利害關係，可以從國民經濟的立場出發，對日本經濟問題作相對自由的研究。

■筱原三代平：研究亞洲經濟發展

筱原三代平（1919-2012），經濟學家。富山縣高岡市人。1950年東京商科大學大學 院經濟研究科畢業，經濟學博士。歷任經濟企劃廳經濟研究所所長，一橋大學、成蹊大學、國際商科大學（東京國際大學）教授，亞洲俱樂部、統計研究會理事長等職，主要研究亞洲經濟和經濟發展的長期景氣波動。

篠原三代平的著作頗多，1967 年出版的《日本經濟的成長與循環》，對戰後日本經濟恢復和高速發展的原因作出分析，是這方面較早有獨到見解的著作。其他有《消費函數》、《產業構造論》、《日本經濟講義》等。1984 年獲頒紫綬褒章，1989 年獲頒勳二等瑞寶章。

■金森久雄：企劃廳學派第三代人物

金森久雄（1924-2018），經濟評論家。東京人。1948 年畢業於東京大學法學院政治學系，1958 年留學英國牛津大學。1964 年就任經濟企劃廳調查局國內調查課課長，執筆起草 1965 年度《經濟白皮書》，是日本政府制定經濟的智囊團重要成員之一，在日本官廳經濟學派中有較大影響。

金森久雄是凱恩斯主義者，以宣傳宏觀經濟調整理論著稱。主要著作有《經濟增長講話》、《如何觀察日本經濟》、《日本經濟的新次元》、《日本經濟之我見》、《體驗戰後經濟》、《二十世紀的世界經濟》、《男之選擇》、《地球時代的日本經濟》等多種。他強調日本必須實行宏觀經濟調整，否則就會使儲蓄和投資失去平衡，造成整個經濟產生混亂。

■中內功：大榮超市創辦人

中內功（1922-2005），商人、市場經營者。大阪市人。1941 年加入他父親的製藥事業。戰後在神戶長田區以一家小肉舖子發展成為日本最大的超市集團——大榮（Daiei）集團。1957 年創立，以價廉物美、薄利多銷為經營宗旨；1972 年的行銷額超過著名的三越百貨，位列日本零售業之首。1980 年的營業額，突破一萬億日元。1994 年，建成遍及全日本的大榮、羅松連鎖超市。大榮集團還創辦了自己的大學 —— 流通科學大學。

1995 年的阪神大地震，給大榮的發展造成嚴重傷害，帶來更多債務，陷入經濟危機。當初的成功，是在日本經濟高速增長時期，大眾消費力強，公司大舉進軍餐飲、旅遊、體育等領域。在 1990 年代經濟泡沫爆破時，終於尾大不掉，2004 年被「產業再生機構」接管，此前中內功曾放棄全部股權，捐出私財，但未能挽救公司沒落的命運。石井淳藏著《中內功：日本商業聖手》，北京新星出版社 2019 年出版。

1.8 堺屋太一：《油斷》與石油危機

1. 經濟企劃廳長官

堺屋太一（1935-2019），政府官員兼小說家、評論家。本名池口小太郎。生於大阪市。他考入東京大學工業部建築學科，後來轉到經濟學部。畢業後，於 1960 年加入日本政府通商產業省。1998 年出任經濟企劃廳長官，至 2000 年離任。

堺屋太一曾任內閣特別顧問、早稻田大學大學院財經研究科教授、東京大學先端科學技術研究中心客席教授，財團法人 2005 年日本國際博覽會協會顧問、上海世博會日本產業館綜合製作人。2006 年，開始在《日本經濟新聞》連載《創造世界的男子：成吉思汗》。

2. 創作能源災難小說

1975 年，堺屋太一開始他的寫作生涯，以能源災難小說《油斷》引起公眾注意。此書出版於 1973 年第一次石油危機之後，寫日本如何保障能源危機，能源結構有甚麼改變，強調這不是科幻，而是現實。小說初由日本經濟新聞社出版，推出後風靡一時。1978 年有「文春文庫」版。

1996 年，日本放送協會（NHK）播放大河劇《秀吉》，就是以堺屋太一的三部小說《秀吉》、《豐臣秀長》、《人與鬼：信長與光秀》為基礎，改編成劇本而攝製的。堺屋太一也是評論家，有《堺屋太一著作集》（2016-2018），包括《團塊之秋：堺屋太一所見戰後七十年七色的日本》、《組織之盛衰：創造日本的十二人》、《平成三十年》等。

【人物群像】

■守屋典郎：馬克思主義學者

守屋典郎（1907-1996），經濟學家。生於東京，跟隨時任岡山市長的父親守屋松之助遷居岡山縣。1929年畢業於東京帝國大學法學部，次年執業律師。1932年加入日本共產黨，在野呂榮太郎、平野義太郎（1897-1980）指導下研究經濟學。1933年被捕，次年獲釋。1938年因「人民戰爭事件」再次被捕，1940年出獄。

戰後，守屋典郎重新加入日本共產黨，1947年重操律師業，次年發表《紡織生產費分析》。1950年任《赤旗報》編輯時遭「赤色整肅」，解除整肅後繼續著書，計有《日本資本主義發達史》、《日本馬克思主義理論的形成與發展》、《經濟學》、《經學危機與軍事經濟》、《戰後日本資本主義》、《日本資本主義小史》、《天皇制研究》、《日本馬克思主義的歷史與反省》等。1990至1991年，編纂《平野義太郎選集》五卷（白石書店出版）。

■花村仁八郎：有「財界活字典」之稱

花村仁八郎（1908-1997），經濟界首腦。福岡縣人。1932年畢業於東京帝國大學經濟學部，在重要產業協議會（經團聯前身）任職。1946年隨着經團聯的成立，擔任總務部次長。

1975年，花村仁八郎任經團聯事務總長，次年任經團聯副會長兼事務總長，長期負責經團聯籌集、分配企業政治捐款，是「財界活字典」、「財界政治部長」。掌握經濟實權，成為政界人士追逐的對象。

花村仁八郎曾說，政治捐款是「維護自由主義經濟的保險金」。曾向日中友好會館提供三十億日元建設費。其他職歷，包括擔任日本航空會長、經濟廣報中心理事長。1969 年獲頒藍綬褒章，1981 年獲頒勳一等瑞寶章。

■永井道雄：文部大臣及上智大學教授

永井道雄（1923-2000），教育家。東京都人。1944 年畢業於京都帝國大學文學部哲學科，曾在該校人文科學研究所任職。留學美國俄亥俄州立大學，1952 年獲頒哲學博士學位。

1954 年，永井道雄任京都大學教育學部副教授；1957 至 1970 年，任東京工業大學副教授、教授。歷任《朝日新聞》社論說委員、日本女子大學理事，香港大學、美國哥倫比亞大學、加利福尼亞大學、耶魯大學、史丹福大學客席教授。1974 年底任三木內閣文部大臣，卸任後改任上智大學教授。著有《日本的大學》、《大學的可能性》、《新教育論》、《近代化和教育》等。

■石川忠雄：慶應義塾大學校長

石川忠雄（1922-2007），教育家、歷史學家。東京都人。慶應義塾大學經濟學部畢業，後任該校法學部教授。1956 至 1957 年，留學美國哈佛大學。1975 年任慶應義塾大學法學部部長，1977 年任該校校長，任期長達十六年，僅次於鎌田榮吉（1857-1934）。

石川忠雄亦是從事中國現代史研究的專家，1967 年以論文〈中國共產黨史〉獲頒博士學位。主要著作有《中國憲法史》、《中華人民共和國：它的實際情況和分析》、《現代中國諸問題》、《國際政治與中共》等。曾參與日中關係正常化的政策決定。1991 年獲選為文化功勞者，1995 年獲頒勳一等旭日大綬章，2000 年獲頒文化勳章。

■宇澤弘文：「理論經濟學之父」

宇澤弘文（1928-2014），經濟學家。生於鳥取縣。1951 年東京大學理學部畢業，入研究院進修數學；其後赴美國研習經濟學，1960 年任加州大學伯克萊分校經濟系助理教授。1961 至 1964 年，任史丹福大學經濟系副教授。其間於 1962 年獲頒日本東北大學經濟學博士。1964 年至 1968 年，在芝加哥大學經濟系任教。1968 年起到東京大學經濟系任教，至 1989 年退職。

宇澤弘文提出的有關經濟增長機制的「宇澤模型」，在數理經濟學領域有開創性的貢獻。1983 年成為文化功勞者，1997 年獲頒文化勳章。著有《何為「成田」：戰後日本的悲劇》、《社會共通資本》、《汽車的社會性費用》等。

1.9 大塚久雄：帶領日本經濟走向

1. 擅長英國經濟的學者

大塚久雄（1907-1996），歷史學家。生於京都市。畢業於京都府立京都第一中學校，入東京帝國大學經濟學部，畢業後留任助教，專攻德國南部經濟學。1935 年任法政大學副教授，1938 年升教授；同年任東大副教授。他在 1944 年的《近代歐洲經濟史序說》中，提倡「中產的生產者主導說」。

大塚久雄的歷史學方法，是將馬克思經濟學與韋伯社會學相揉合，自成一派，稱為「大塚史學」，與政治學者丸山真男的「丸山政治學」，並為戰後民主主義的代表性學說。大塚久雄擅長英國經濟學，連同德國經濟史學者松田智雄、法國經濟史學者高橋幸八郎，共同帶領了戰後日本經濟史學的方向。

2. 以中產階級提高國民生產

大塚久雄反對向來重視商業主導的通說。強調英國之所以崛起，荷蘭之所以沒落，其基礎在於英國的中產階級生產者提高了國民的生產力。但是，隨着日本經濟奇蹟的消退，以及英國產業的沒落，大塚久雄

「以英國為理想反省日本」的重心，逐漸與時勢發展產生了隔閡。

1968 年，大塚久雄自東京大學退職後，續在國際基督教大學任教。1969 年成為日本學士院會員。1992 年獲頒文化勳章。主要著作有《近代資本主義之系譜》、《近代化之歷史的起點》、《共同體的基礎理論》、《歐洲經濟史》、《宗教改革與近代社會》、《國民經濟：其歷史的考察》、《歷史與現代》、《社會科學與信仰》等。

3. 西洋經濟史三頭馬車

大塚久雄與松田智雄、高橋幸八郎合編《西洋經濟史講座：從封建制向資本主義的移行》，1960 至 1962 年由岩波書店出版。松田智雄（1911-1995），生於朝鮮仁川，東京帝國大學畢業，1956 年任東大經濟學教授，至 1972 年退職，後任圖書館情報大學校長。著有《英國資本與東洋：東洋貿易的前期性和近代性》、《宗教改革·產業革命·法國革命》、《德國資本主義的基礎研究》、《社會科學的成立與發展》等。

高橋幸八郎（1912-1982），生於福井縣。東京帝國大學文學部畢業，戰時到朝鮮的京城帝國大學赴任。1947 至 1973 年，任職東大社會科學研究所，法國政府曾招聘他為客座教授。著有《近代社會成立史論》、《市民革命之構造》及《近代化之比較史的研究》。

【人物群像】

■大隅健一郎：商法及經濟法學者

大隅健一郎（1904-1998），律師、法學博士。兵庫縣人。1928 年京都帝國大學法學部畢業，留校任職，1930 年任副教授。1935 至 1937 年留學法、德、意等國。1938 年任京大教授，其後於 1954 至 1956 任法學部主任。

1966 年，大隅健一郎任最高法院任最高法官。他還是京都大學名譽教授、日本學士院會員。著有《企業合同法的研究》、《社會法論》、《會社法的諸問題》、《商業的諸問題》等。1993 年獲頒文化勳章。

■增田四郎：西洋經濟史學者

增田四郎（1908-1997），歷史學家、經濟史學者。生於東京。一橋大學教授，主要研究歐洲中世紀經濟史，特別是古代歐洲的都市，從文化史角度看社會經濟的發展。

增田四郎的著作主要有《都市》、《歷史學概論》、

《西洋經濟史概論》、《德意志中世紀史研究》、《日耳曼民族的國家與經濟》、《西歐市民意識的形式》、《西洋與日本》等。獲頒文化功勞者稱號。

■大石嘉一郎：日本經濟史專家

大石嘉一郎（1927-2006），經濟史家、歷史學者。生於福島縣。1950 年東京大學經濟學部畢業。歷任福島大學副教授、東京大學教授、明治學院大學教授。

大石嘉一郎專攻日本經濟史，致力於產業革命和帝國主義、民權運動史。著有《日本地方財行政史序說》、《日本帝國主義史》、《日本資本主義百年史之步伐》、《日本近代史之視座》等，並與高橋幸八郎、永原慶二合編《日本近現代史綱要》（譚秉順譯，長春：吉林教育出版社，1988）。

■速水融：社會經濟史學者

速水融（1929-2019），經濟學家。出身東京都。1950 年畢業於慶應義塾大學經濟學部，1966 年取得經濟學博士學位。1967 至 1989 年在該校任教授，退職後任教於國際日本文化研究中心、麗澤大學國際經濟學部。

速水融專長歷史人口學、日本經濟學。著有《歷史人口學研究——新的近世日本像》、《歷史之中的江戶時代》、《近世日本經濟社會史》、《經濟社會的成立：17-18 世紀》等。1994 年獲頒紫綬褒章，1995 年獲頒日本學士院獎，2009 年獲頒文化勳章。

第二章

體育、演藝與美術

日本人重視體育，每年有一天(1999年起定於十月第二個星期一)是「體育之日」，列為公眾假期，鼓勵全民運動。傳統的體育項目，有相樸、劍道、弓道等，都能持續到現代；柔道是從古代的柔術發展而來的，近代興起的運動，包括游泳、拳擊、棒球（日本人稱為野球）等。

平成時期以來，二十歲以上從事體育活動的人口，穩步增長，佔總人口七成；有組織開展的體育項目，也隨着增加。傳統文化的延續和影響，尤其是尚武精神，在日本的體育事業中，起着一定作用。

隨着大眾文化的流行和社會生活的豐富，日本演藝事業十分發達，這既表現於電影和其後普及起來的電視節目，也普遍可見於大小表演場所如演唱會等。日本電影曾經興旺一時，著名導演和國際巨星廣為人知，製作過若干藝術成份很高的作品，國內的「人氣」電影亦復不少。週末電影院一晚連接放映三套甚至五套電影，在其他地方是絕無僅有的。

除體育劇集、愛情劇集之外，日本放送協會（NHK）每年一套連續於星期日晚上播出的「大河劇」，連同摔角比賽、棒球比賽，以及一年一度的紅白歌唱大賽等，在歲晚的時候，把各項活動推向高峰。大大小小的漫畫集，攝製而成以兒童、少男、少女、青年及成人的動漫作品，搬上大銀幕，在平成時期，最為觸目的莫如「宮崎駿作品」。由 1984 年的《風之谷》到 2004 年的《哈爾移動城堡》，其間有《天空之城》、《龍貓》、《魔女宅急便》、《幽靈公主》、《千與千尋》等，以及 2008 年的《崖上的波兒》，都備受觀眾讚賞。日本的動漫產業在 2003 年已經超過鋼鐵業、汽車業這些傳統的重大產業，成為國內第二大產業，僅次於旅遊業。

配合旅遊景點，交通便捷是其優點，博物館、美術館和名人紀念館，吸引了不少國內外遊客；對於促進文化，也起了很大作用。新興文化固然受到重視，傳統事業不被遺忘，「重要文化財」到處可見，「人間國寶」亦受注視，持續承傳古來罕有演藝技術的人，常在政府當局授予文化功勞者、文化勳章得獎者之列。百貨公司大多設有展覽廳，展出畫家的作品，將藝術與商機結合為一，使美術創作成為日常生活中經常可以接觸到的事物。

2.1 木村政彥：「史上最強柔道家」

1. 格鬥與摔角

木村政彥（1917-1993），著名武道家。生於熊本縣。自幼跟着父親在加勢川的激流河道裏用簸箕運石塊，練成強健的體魄。九歲開始學習柔道，六年後考取了四段資格；十八歲時，成為史上最年輕的柔道五段。他曾經在講道館一次擊倒八名黑帶選手，但第九次因氣力不繼，結果落敗了。他採取特殊的重量訓練，並且持之以恒，每天做一千次掌上壓，一日練習超過九小時。

1936 年，木村政彥率領拓殖大學預科，在學生柔道團體佔最高峰的高專柔道大會上，取得全國優勝。他在該校就讀時，得到格鬥家牛島辰熊（1904-1985）的栽培。1950 年代初，應韓裔日本人力道山（1924-1963）之邀，加入日本摔角聯盟，成為職業摔角選手。後來他自己組織了一個地方性的摔角團體 —— 國際摔角軍隊，是日本最早引進墨西哥式蒙面摔角的團體；與力道山決鬥，結果被 KO 擊敗。

1955 年，在巴西柔術和綜合格鬥中，以「木村鎖」（一項針對手臂關節的技術）擊敗艾里奧 · 格雷西

（Helio Cracie）。1959年木村政彥再到巴西，接受沃爾德瑪·桑塔那（Valdemar Santana）的挑戰，結果在比賽中獲勝。

2. 柔道的發展

柔道一詞的廣泛使用，是在1887年（明治十年）以後，在此之前稱為「柔術」，以別於相樸。柔術用摔、壓、頂、踢、勒等技巧，藉以取勝對手。1882年，嘉納治五郎在東京開辦講道館，整合柔術的各個流派，開創了獨特的柔道，並在高等院校加以推廣，及傳播到海外。

戰後，相繼有歐洲柔道聯盟、國際柔道聯盟的成立。由1964年東京奧林匹克運動會開始，柔道成為奧運會的正式比賽項目。按照嘉納治五郎的說法，柔道就是有效地使用身心力量之道，通過攻擊、防禦的練習來鍛煉修養身體和精神，從而體驗其道的真髓。

【人物群像】

■藤村富美男：創出日本職棒紀錄

藤村富美男（1916-1992），職棒選手。生於廣島縣吳市。他曾效力於日本職棒阪神、虎等隊伍，至1958年退休，生涯通算二百二十四支全壘打。習慣右投右打的投打。

1948年10月2日，他在對金星隊時，創下生涯首次完全打擊，是日本職棒史上首位。1953年連續兩場比賽滿貫全壘打，成為日本職棒紀錄。

■川上哲治：職棒史上的「打擊之神」

川上哲治（1920-2013），棒球運動員，效力日本職棒讀賣巨人隊，於1956年首次達成二千支安打，成為日本職棒史上第一人，被稱為「打擊之神」。

川上哲治退休後，擔任讀賣巨人總教練，率領王貞治、長嶋茂雄及其他隊員，創下日本職棒史無前例的九連霸紀錄。直至1974年，其中央聯盟盟主的地位始被中日龍（一支隸屬於日本職棒中央聯盟的棒球隊）取代。

王貞治在世界職業選手生涯中，保有個人最多全壘打紀錄。1959至1981年效力讀賣巨人隊，1981至1988年任教練。後來受聘為福岡大榮鷹隊（2005年改稱福岡軟件銀行鷹隊）監督，1999年贏得太平洋聯盟冠軍，又在日本大賽中勇奪「日本一」頭銜。2006年在第一屆世界棒球經典賽中擊敗古巴隊，奪得首座冠軍。

■栃錦清隆：締造「栃若時代」

栃錦清隆（1925-1990），相樸手。生於東京都。1939 年開始其職業生涯，至 1960 年退休。他是這項運動的第四十四位橫綱（相撲力士的最高資格），在運動生涯中，獲得十次最高級別的優勝，與生平的對手初代若乃花激烈競爭，在 1950 年代締造了「栃若時代」，號稱「技之栃錦，力之若乃花」，是相撲迷津津樂道的話題。1959 年，栃錦清隆成為春日野部屋的主教練。1974 至 1988 年，擔任日本相撲協會理事長。

初代若乃花幹士（1928-2010 年）是著名力士。本名花田勝治，第四十五代橫綱，是戰後最輕量的橫綱，異名「土俵之鬼」。1962 年退休，創立二子山部屋，1988 至 1992 年任日本相樸協會理事長。

■古橋廣之進：體壇名將

古橋廣之進（1928-2009），游泳運動員、體育指導者。生於靜岡縣濱松市。日本大學畢業。1947 年在日本選手權中，以 38 秒 4 在 400M 的自由式中勝出。1951 年獲第一回日本體育獎。

1951 至 1966 年，古橋廣之進在大同毛織任職。其後為日本大學專任講師、教授、名譽教授。1985 年任日本水泳聯盟會長，1990 至 1999 年任日本奧林匹克委員會會長。2008 年獲頒文化勳章。

2.2 大鷹淑子：中國藝名李香蘭

1. 從李香蘭到山口淑子

大鷹淑子（1920-2014），女演員、歌星。又名山口淑子。原籍東京都，生於中國撫順。北京翊教女子學校畢業。1937 年入偽滿電影公司，用藝名李香蘭參加演出，曾演唱《何日君再來》、《夜來香》、《蘇州夜曲》、《支那之夜》、《白蘭之歌》等歌曲，及拍攝過《萬世流芳》、《支那之夜》、《我的夜鶯》等多部電影。

戰後，她用藝名山口淑子參加《我們的光輝生涯》、《那拂曉時逃脫》等演出。1951 年，在美國荷里活參加拍攝《東方就是東方》。1958 年與外交官大鷹弘結婚，婚後退出電影界。其後在仰光、日內瓦等地渡過十餘年，至 1967 年回國。

2. 大鷹淑子的從政活動

大鷹淑子的丈夫大鷹弘（1928-2001）是外交官，東京都人，1950 年畢業於東京大學法學部。次年外交官領事官考試合格，入外務省，出任駐韓國大使館參贊、駐比利時公使。1977 年 8 月，任經濟協力局參事官。1979 年 6 月，任駐斐濟大使；翌年 3 月，兼任駐瑙魯、湯加大使。

大鷹淑子從 1969 年開始，在富士電視台主持節目「下午三點鐘的諸位」。次年到越南戰場採訪，1971 至 1973 年到巴勒斯坦難民營採訪。1974 年中以後，兩次當選自由民主黨參議員，屬田中派，曾任自民黨婦女局、國際局、遊說局次長，參議院外交委員會、沖繩及北方問題特別委員會委員等職位。1977 年 11 月，擔任環境廳政務次官。1977 年及 1979 年，她兩次到中國訪問。著有《誰都不曾寫過的阿拉伯》，與藤原作彌合著《李香蘭 —— 我的半生》（1987）。

【人物群像】

■戶栗郁子：戰時的「東京玫瑰」

戶栗郁子（1916-2006），太平洋戰爭期間日本的女播音員。生於美國加利福尼亞洛杉磯，畢業於加州大學洛杉磯分校。她是日裔美國人。第二次大戰時，曾任東京廣播電台播音員，是被暱稱為「東京玫瑰」（Tokyo Rose）的幾位女播音員之一。

1941 年 7 月，戶栗郁子到日本探親，預定逗留半年，但同年 12 月 7 日本偷襲珍珠港，太平洋戰爭爆發，美國開始囚禁日裔美國人，她的母親在前往集中營途中因病去世，戶栗郁子無法返回美國，因而滯留日本。當時特高警察要求她歸化日本國籍，遭到拒絕，為了維持生活，在同盟通訊社做打字員，後來改在東京廣播電台工作。由於她說得一口流利和地道的英語，被派去做編輯。日軍指派她擔任播音員，專責對美軍喊話，進行心理戰，藉以勾起美軍的鄉愁和引起他們對長官的怨恨。戶栗郁子的節目叫做「零點時刻」（Zero Hour），她那溫柔、機智、詼諧、幽默的風格，很受美軍歡迎，是太平洋戰場上最受歡迎的一個節目，因而成為美國大兵的公眾情人。

1945 年 7 月，戶栗郁子與長期同居的同盟通訊社社員、日裔葡萄牙人菲利普・達基諾結婚，她因而有另外一個名字，叫做 Iva Ikuko Toguri D' Aguino。當時葡萄牙是中立國，其公民可以前往不同政治立場的國家工作。日本投降後，戶栗郁子接受美國戰地記者的專訪，承認自己是「東京玫瑰」，引起日美兩國媒體的關注。

1949 年，美國以叛國罪逮捕戶栗郁子，判十年有期徒刑和一萬美元罰金，同時剝奪美國國籍。當時有很多美國官兵為她奔走呼號，理由是她的「東京玫瑰」甜美聲音是伴隨着他們度過艱難歲月的一個禮物。入獄六年後，她作為「東京玫瑰」的身份出現疑點，因而獲釋。1977 年，她獲得美國總統福特特赦，恢復美國公民身份。2006 年在芝加哥逝世，終年九十歲。戰時負責對太平洋戰場上美軍以英語廣播的女播音員，可能有四至二十人，但只有戶栗郁子承認自己是「東京玫瑰」的身份。

■山田五十鈴：五十多年舞台生涯

山田五十鈴（1917-2012），著名女演員。原名山田美津子。大阪府大阪市人，是新派劇女形（旦角）山田九州男（1879-1948）的長女。1930 年入日活電影製片廠做演員，1934 年轉入第一電影製片廠。1936 年以主演《浪花悲歌》和《祇園的姐妹》成名，1938 年入東寶電影製片廠。日本侵華期間，曾到上海拍攝《上海之月》。1954 年與她的女兒嵯峨美智子（1935-1992）組成親和電影製片廠。

山田五十鈴於 1952 年獲女演員主演獎，1958 年因演《蜘蛛巢城》及有三十年演員經歷而獲頒文部大臣獎，次年獲頒電影競賽女演員主演獎。其後於 1974 年，因演《狸》而獲藝術節獎。她主演的電影和戲劇，還有《國土無雙》、《箱根風雲錄》、《現代人》、《一個女礦工》、《貓、莊造和兩個女人》、《柳生一族的陰謀》、《疑惑》等。此外，她曾擔任日本擁護和平委員會委員。

■原節子：四大女優之一

原節子（1920-2015），著名女演員。本名會田昌江。生於神奈川縣橫濱市。處女作是 1935 年的《年輕人勿猶豫不決》，1936 年主演日本與德國合作拍攝的《新樂土》（英文片名《武士的女兒》）。二戰期間，曾參與許多以日本軍國主義和大東亞共榮為主題的電影。

戰後，原節子主演黑澤明的名作《我於青春無悔》（1946），飾演一名京大人士的妻子，為了丈夫的理想，承受旁人的異樣眼光，無怨無悔，最終能夠光明地面對人生。原節子成功地塑造了獨立、自主、堅強的女性角色，成為戰後日本女性的新形象。原節子又參與小津安二郎《晚春》（1949）的演出，飾演一個到了適婚年齡的女子，仍然留在父親身邊，父女相依為命。其後，原節子經常擔任小津電影中的女性角色，善體人意而又不乏主見。原節子終身不婚，被譽為「永遠的女兒」。

1962 年，原節子的事業正如日中天，在拍完稻垣浩執導的《忠臣藏》後，開始淡出影壇。在鎌倉恢復本名，深居簡出。1963 年 12 月，小津安二郎因病去世，原節子出席完小津家的告別儀式後，再沒有在傳媒前出現。2015 年去世，享年九十五歲。小津安二郎導演、原節子主演的電影，還有《麥秋》、《東京物語》、《東京暮色》、《秋日和》及《小早川家之秋》。

■高峰秀子：電影黃金時代的女優

高峰秀子（1924-2010），著名女演員、散文作家。原名平山秀子，丈夫是電影導演、劇作家松山善三（1925-2016）。她生於北海道函館市。五歲時以童星身份出道，演出劇情片《母親》；1938 年主演《課堂作文》，1940 年主演喜劇《秀子的應援團長》。

戰後，高峰秀子與電影導演大師木下惠介、成瀨巳喜男（1905-1969）等合作密切，是日本電影黃金時期的代表演員之一。1946 至 1952 年，她在新東寶電影公司主演了《宗方姐妹》、《卡門》，其後成為日本影壇首位「自由演員」。

1955 年，高峰秀子主演《浮雲》，並憑該片獲得第十屆日本每日映畫大獎最佳女主角獎；1958 年，演出《無法松的一生》，獲頒第二十三屆威尼斯國際電影節金獅獎。1960 年代演出的電影，有《同命鳥》、《情迷意亂》、《華岡青洲之妻》、《魔鬼棲息地》。1973 年主演《恍惚的人》，1976 年在《朝日週刊》連載自傳《我的渡世日記》。

高峰秀子與山田五十鈴、原節子、田中絹代並稱「四大女優」。田中絹代（1909-1977），生於山口縣下関市。她也是電影導演，首部執導的電影是 1953 年的《情書》。演出的作品有《楢山節考》、《彼岸花》、《望鄉》等。

2.3 黑澤明：國際級電影監督

1. 促進日本電影國際化

黑澤明（1910-1998），著名導演。東京人。中學畢業後，入東寶電影公司演出部工作。1943 年的《姿三四郎》，是他的處女作。由這年起，他導演的電影，多次獲得國內和國際電影藝術獎。1950 年的《羅生門》是其代表作之一，翌年在威尼斯電影節獲獎。

黑澤明一生共執導三十部電影，包括《七人之侍》、《用心棒》、《紅鬍子》、《影武者》、《亂》等。

1976 年被選為文化功勞者，1985 年獲頒文化勳章。他對日本電影國際化作出了貢獻，享有很高的聲譽。

2. 黑澤明電影中的鐵三角

在黑澤明的電影中，有兩個重要的合作夥伴。三船敏郎演出過十六部，很多都是 1950 年代和 1960 年代的經典作品，包括《大鏢客》和《紅鬍子》，三船敏郎並於威尼斯國際電影節上兩度稱帝。

另一位合作夥伴是志村喬（1905-1982），他演出過二十一部黑澤明的作品，在《生之慾》中飾演患絕症的課長和《七人之侍》中的武士首領，均令人留下深刻印象。

黑澤明於 1980 年代導演的《影武者》和《亂》，均獲多個獎項。1990 年代初的作品，有《夢》、《八月狂想曲》和《一代鮮師》。他在日本電影史上有重要地位，被譽為「電影界的莎士比亞」。

【人物群像】

■木下惠介：《楢山節考》的導演

木下惠介（1912-1998）年，電影大師。生於靜岡縣濱松市。本名木下正吉。畢業於濱松工業學校。隨後就讀於東方照相專科學校。1933 年入松竹電影公司蕃田製作廠任攝影助手，1936 年轉入導演部任助理導演。1943 年升任導演，拍攝《花開之港》，獲得表彰新人導演的山中貞雄獎。

1946 年，木下惠介監製並拍攝了戰後日本第一部反戰電影《大曾根家的早晨》，1951 年編導了日本電影史上第一部彩色影片《卡門歸鄉》。1958 年，劇情片《楢山節考》獲得第二十三屆威尼斯國際電影節金獅獎提名。1967 年起，有十年時間任電視台節目編導。其後的電影作品，有《留下這個孩子》、《新亦喜亦悲幾度秋》、《父》等。木下惠介、黑澤明、小林正樹、市川崑並稱「日本電影界四騎士」。

■吉村公三郎：「女性電影巨匠」

吉村公三郎（1911-2000），電影導演。生於滋賀縣大津市。東京私立日本中學畢業，在松竹蒲田攝影所擔任見習助手。戰前已與高峰三枝子（1918-1990）、原節子、京町子（1924-2019）等女演員合作，被稱為「女性電影巨匠」；戰後，又與山本富士子、京町子合作《夜之河》、《夜之蝶》等女性電影。

1947 年，吉村公三郎拍攝《安城家的舞會》，其後他的許多作品，都是由新藤兼人編寫腳本。二人於 1950 年設立近代電影協會，作品主要由大映製作。吉村公三郎最後執導的電影，是 1974 年的《襤褸之家》。1982 年獲頒勳四等旭日小綬章。有著作多種，包括 1970 年代的《青春之讀書》、《映像之演出》，和 1990 年代的《我輩映畫之黃金時代》、《味之歲時記》等 。

■新藤兼人：獨立製片的先驅

新藤兼人（1912-2012），電影導演、編劇。生於廣島市。幼年家境貧困，小學畢業後自謀生計。起初在京都攝影所工作，後轉到東京攝影所。1937 年參加《電影評論》徵稿，獲第一名。其後擔任美術設計助手。

戰後，新藤兼人拜知名導演溝口建二（1898-1956）為師，他的兩部劇本，《望眼欲穿的女人》和《安城家的舞會》，1947 年拍成電影，從而確立了他的劇作家地位。

1950 年，新藤兼人以自編自導的處女作《愛妻的故事》一舉成名，成為日本獨立製片的先驅，1952 年攝製了《原子彈下的孤兒》。超低預算的製作《裸島》，獲得意外的成功，得到《電影旬報》十佳作品獎，又獲得 1960 年莫斯科電影節金獎。1970 年，繼而以《裸之十九歲》獲此獎項。其後的作品，有《竹山孤旅》、《午後遺書》、《我要活》等。

■市川崑：改編日本文學作品

市川崑（1915-2008），著名電影導演。生於三重縣伊勢一個開和服批發店的家庭。他幼年時因父親離世，隨母親到姐夫家中生活，初時在東寶卡通棚工作，後任助理導演多年；到新東寶後，升任為導演。他的電影有一大部分來自日本文學作品的改編，如《金閣寺》、《我是貓》、《細雪》等。驚悚片《八墓村》，重拍懸疑片《犬神家族》；成名作是《緬甸的豎琴》；晚年作品，有《母親》和《夢十夜》。

2006年，岩井俊二拍攝了以市川崑一生經歷為主題的《市川崑物語》，片中洋溢着他對這位大師和前輩的敬意。市川崑的妻子和田夏十（1920-1983）是劇作家，編寫了很多部由丈夫執導的電影劇本，包括《緬甸的豎琴》、《我只有兩歲》等。

■大島渚：以前衛新鋭著稱

大島渚（1932-2013），電影導演。生於岡山縣玉野市。1954年京都大學法律系畢業，在校期間曾擔任學生組織領導人。早期作品有《青春殘酷物語》、《太陽的墳場》等，成為松竹新一代導演的代表。1960年以安保鬥爭為舞台的《日本的夜與霧》，被中止上映；1983年以二次大戰為題材的《戰場上的快樂聖誕》，對東西文化間的差異和衝突，作出了針砭及比較。

在國際影壇上，大島渚與黑澤明、小津安二郎齊名，屢獲國際大獎，《愛的亡靈》於1978年獲頒第三十一屆康城電影最佳導演獎。作為電視評論員，他在1980年代之後亦很活躍。

2.4 三船敏郎：國際級電影巨星

1. 青少年時代學懂攝影

三船敏郎（1920-1997），電影演員。生於中國青島。四歲時舉家遷到大連，他父親經營一家照相館。三船敏郎的青少年時代，在父親的照相館中學懂了攝影。戰後，於 1940 年代後期演出《銀嶺之巔》、《酩酊天使》、《野良犬》幾部電影。繼而在 1950 年代，有《羅生門》、《七武士》、《侍》、《姿三四郎》、《日本最長的一日》、《風林火山》等。

三船敏郎曾參與美國電影《中途島戰役》、《太平洋的地獄》，法國電影《紅．太陽》，墨西哥電影《重要的人》等西方作品的演出，兩度獲得威尼斯國際電影節最佳男演員獎。他還在東京經營三船製片公司，擁有大規模的攝影棚。生平獲獎甚多，包括紫綬褒章、勳三等瑞寶章等。

2. 電影裏的太平洋戰爭

三船敏郎參與演出的電影，有很多部都是以戰爭為題材。1953 年上映的《太平洋之鷲》，是戰後日本第一部以太平洋戰爭為題材的鉅製，將發動和指揮戰爭的歷史人物及著名戰役搬上銀幕，開其後戰爭電影的先河。1960 年的《太平洋之嵐》，描述從日本偷襲珍珠港到中途島戰役的經過。1963 年的《太平洋之翼》，則是日本、美國空軍的大決戰。

繼《太平洋奇蹟的作戰：金斯卡島》（1965）之後，是《日本最長的一日》（1967）。三船敏郎在翌年的《聯合艦隊司令長官：山本五十六》中，飾演山本五十六。同年有《太平洋的地獄》，講述 1942 年太平洋戰場上美軍失利的情形。此外，還有《中途島戰役》（1976）等。

【人物群像】

■渥美清：《男人真苦》的主角

渥美清（1928-1996），著名喜劇演員。本名田所康雄。生於東京都。1951 年進入電影界，其後十幾年都飾演一些配角。直至 1969 年與導演山田洋次合作，在《男人真苦》喜劇電影中，飾演主人翁車寅次郎，廣泛為人所熟悉；《男人真苦》總共有四十八集，是「長壽」喜劇系列，使渥美清贏得「東方卓別靈」的稱號。

寅次郎熱愛家鄉，而又四處流浪，次次失戀，是個大閒人。他本人卻很達觀，永遠快活，無憂無慮，這種樂天精神還感染了別人。新年假期全家大小一起到電影院看《男人真苦》，一度成為日本人送舊迎新的重要節目。寅次郎這個「真命苦」的男人，成為日本人心目中的「喜神」。1988年獲頒紫綬褒章，去世後追贈國民榮譽獎。

■勝新太郎：「盲俠」座頭市

勝新太郎（1931-1997），著名演員、歌手，也是導演和劇本家。原名奧村利夫。東京人。1954年進入日本大映，參加演出《花之白虎隊》。1960年在《不知火檢校》中的演出，引起注意。

及至1962年，勝新太郎以殺陣電影《座頭市物語》系列，躍居一線男星的地位。由此至1989年，他總共演出了二十六部以《座頭市》為名的電影，描述一位武功高強的失明劍客行走江湖，警惡懲奸的俠義故事，使「盲俠」的形象深入人心，甚至揚名海外。

■高倉健：電影表演藝術家

高倉健（1931-2014），著名演員。本名小田剛一。福岡縣中間市人。1955年於明治大學商學部畢業後，開始涉足影壇，次年初登銀幕，主演古裝武打片《電光空手道勇士》，取藝名為「高倉健」。

從1950年代末至1970年代初，高倉健主演了大量的義俠影片；他曾為《網青番外地》配唱，榮獲當年的金唱片獎。1970年代中期以後，開始改變銀幕形象。1977年與導演山田洋次合作《幸福的黃手絹》，囊括了當年日本電影的全部獎項。

此後，高倉健主演了《冬之華》、《野性的證明》、《動亂》、《遠山的呼喚》、《車站》，《兆治的酒館》、《夜叉》、《南極的故事》等。憑着《遠山的呼喚》，他再次奪得日本電影藝術協會評選的男主角獎。他主演的《車站》，在 1982 年第二十七屆亞太電影節獲得最佳男主角獎。1985 年，日本國內評選他為最受歡迎的男演員。高倉健在電影界以「本色表演」著稱，成功塑造了很多剛毅和有深厚氣質的硬漢子形象。

■大原麗子：具有典型日本知性美

大原麗子（1946-2009），著名女演員。出身於東京都文京區，北豐島高等學校畢業。其父極力反對她加入演藝圈，盛怒之下打歪了她的鼻子，以致她後來拍照時，習慣以側臉入鏡。

大原麗子出道的作品，是 1964 年演出日本放送協會（NHK）的《幸福試驗》；次年演出《孤獨的賭注》，進軍電影。其後拍攝了多部連續電視劇及時代劇，包括《獅子的時代》、《山河燃燒》、《龍馬來了》和《德川慶喜》等。在 1989 年的大河劇《春日局》中，飾演第一女主角春日局（1579-1643），江戶幕府第三代將軍德川家光的乳母，她奉命前往皇宮覲見後水尾天皇，獲得天皇賜號「春日局」，是日本後宮史上最強的女人。

大原麗子曾有兩段婚姻，1970 年代與演員渡瀨恒彥結婚，1980 年代與演歌歌手森進一結婚，但都只維持了四五年。在第二段婚姻中，她怕失去演藝事業，懷孕後選擇做人工流產，導致婚姻破裂。2004 年開始淡出演藝圈，專心養病，後來因腦出血，在住所中去世。

■千葉真一：具代表性的電影明星

千葉真一（1939-2021），著名演員、電影導演和製片。本名前田禎德。九州福岡人。其演藝生涯超過半個世紀，曾演出電影、戲劇、電視劇等約一千五百部。他也是體操選手和空手道家，在拍攝特技動作時不依賴替身。

千葉真一出道的作品是《七色假面》，1970 年代的《龍虎群英》、《戰國自衛隊》是早期的代表作，還有 1998 年的《風雲：雄霸天下》也很有名。進入二十一世紀後，拍攝了《標殺令》、《爆裂都市》、《狂野極速．飄移東京》等電影。

2.5 水之江瀧子：「男裝之麗人」

1. 與學員交換藝名

水之江瀧子（1915-2009），著名女演員。生於北海道小樽市。兩歲時隨家人移居東京。1928 年，應募入東京松竹樂劇部，最初的藝名是「東路道代」，因有演員不滿意「水之江瀧子」的藝名而彼此交換。首映是祝賀昭和天皇即位大典，1930 年飾演東京六大學棒球比賽中的慶應大學主將，這年東京松竹分為「松組」和「竹組」，水之江瀧子屬竹組。1931 年剪短頭髮，此一舉動的影響及於寶塚少女歌劇。同年秋，私設後援會「水之江會」。

2. 寶塚與松竹唱對台戲

1931 年 10 月，寶塚少女歌劇在新橋演舞場公演，東京松竹則在東京劇場上演，東西兩大劇團唱對臺戲，結果得到「上品的寶塚，大眾的松竹」的評價。松竹的經營者因有着強烈的「上流階級志向」，東京松竹樂劇部改名松竹少女歌劇部，次年水之江瀧子演出《青鳥》，但公演兩日即病倒，要休演一個月。其後因發生爭議，松竹少女歌劇部成為直屬松竹本社的松竹少女歌劇團。此後一段時間，是其演藝生涯的高峰期。戰後，水之江瀧子拍攝電影及在電視登場。曾參與《太陽的季節》，後來退出日活。

1957 年，水之江瀧子在《紅白歌合戰》擔任紅組司儀。這是每年 12 月 31 日晚由日本放送協會（NHK）電視台現場直播的大型歌唱會，分紅組、白組兩個陣營，參賽男女歌手包括歌壇老將、當紅歌星和剛出道的新手，是一年一度全國關注和大部分人收看的節目。

3. 葦原邦子著《寶塚物語》

寶塚歌劇團著名星組演員葦原邦子（1912-1997），本名中原英子。兵庫縣武庫郡出身。主要作品有《戰龍哥斯拉之決戰宇宙魔龍》、《採花日記》等。她與丈夫中原淳一合著《寶塚物語》，是葦原邦子的自傳，作為奠定寶塚男役美學的人物，她在 1930 年代紅極一時。

中原淳一（1913-1983）是畫家，日本美術學校出身，繪了大量少女插畫，有《中原淳一畫集》等多種。《新裝版．寶塚物語》於 2014 年出版。

【人物群像】

■松山樹子：演出芭蕾舞劇《白毛女》

松山樹子（1923-2021），芭蕾舞藝術家。又名清水樹子。1936 年畢業於日本劇場舞蹈組芭蕾舞科，主演過多部古典芭蕾舞劇。1948 年與清水正夫（1921-2008）成立松山芭蕾舞團，她的丈夫清山正夫是東京大學工學系建築專業出身，是一級建築師，也是芭蕾舞演員。1955 年 2 月，首次把中國話劇《白毛女》改編成芭蕾舞劇，在東京公演。

1958 年，她率領松山芭蕾舞團到中國訪問，並演出《白毛女》，飾演劇中的喜兒，以後又多次前往中國演出，除《白毛女》外，還增加了《紅色娘子軍》和《小刀會》芭蕾舞蹈劇目。她的兒子清水哲太郎也是芭蕾舞者，作為松山芭蕾舞團總代表，憶述第一次觀看《白毛女》，是他致力藝術工作的一個原因。

■岩城宏之：NHK 交響樂團終身指揮

岩城宏之（1932-2006），指揮家。生於東京。東京藝術大學音樂學部在學時，是日本放送協會（NHK）交響樂團的指揮研究員，1963 年成為指揮，1969 年就任正指揮。1970 年在日本萬國博覽會開會式式典擔任指揮。1975 年就任札幌交響樂團正指揮，1978 年任音樂監督，1988 年為桂冠指揮者。

岩城宏之的著作甚多，包括《岩城音樂教室》、《樂譜的風景》、《森林之歌》、《作曲家武滿徹與人間黛敏郎》、《音之影》等。曾任東京藝術大學指揮科客座教授。1990 年獲頒法國藝術文化勳章。2003 年任日本藝術院會員。

■西城秀樹：流行音樂名歌星

西城秀樹（1955-2018），著名歌手、演員。本名木本龍雄。廣島市出身。1972 年正式出道，與同時期活躍的鄉裕美、野口五郎並稱「新御三家」。1973 年首度榮獲第十五屆日本唱片大賞歌唱獎，隔年入選紅白歌唱大賽。

1979 年，西城秀樹發行的單曲 *Young Man*（*Y.M.C.A.*），成為年度熱門歌曲，不單只在日本，甚至在東亞地區亦很流行。2018 年逝世後，獲第六十屆日本唱片大賞特別功勞獎。

■志村健：「爆笑」的著名諧星

志村健（1950-2020），一代笑匠。本名志村康德。出身於東京都。他主持寵物節目《天才！志村動物園》長達十六年，因而廣為日本人所熟悉。許多後輩藝人稱他為「日本喜劇之王」。他的煙癮極大，一天可以抽六十根香煙；也嗜杯中物，可從傍晚喝酒至翌日早上。曾因肺炎入住醫院，醫生警告他不可再抽煙。

東京奧運原定在 2020 年舉行，志村健想成為火炬手，因而戒煙戒酒，沒想到由於新冠肺炎蔓延，東奧延期舉行，他在新冠肺炎疫情期間病逝。除了《志村大爆笑》等節目外，志村健還擔任許多電視台節目的主持人。

2.6 藤子不二雄：多啦 A 夢與 Q 太郎

1. 藤子・F・不二雄及其作品

藤子・F・不二雄（1933-1996），漫畫家。本名藤本弘。富山縣高岡市人。畢業於富山縣立高岡工藝高等學校電氣科。他長期與安孫子素雄共用「藤子不二雄」的筆名，二人相識於高岡市立定塚小學校，並一起繪畫漫畫，投稿到報刊發表，代表作有《多啦A夢》、《小超人帕門》、《奇天烈大百科》、《超能力魔美》等。

1964年發表的《Q太郎》，是他們的成名作；1970年創作的《多啦A夢》，在《小學1-4年生》雜誌中開始連載，大受歡迎，1973年獲頒漫畫家協會優秀獎，其後又獲頒文部大臣獎。

「藤子不二雄」這個筆名，一直用到1987年，因二人有不同的創作風格，決定正式拆夥，在筆名後面各自加上本身姓名開頭的英文字母，而成「藤子不二雄F」和「藤子不二雄A」。1989年，藤本弘改用「藤子・F・不二雄」作為筆名。

2. 藤子二不雄A及其作品

藤子不二雄A（1934-2022），漫畫家。原名安孫子素雄，生於富山縣冰見市。自小立志要成為漫畫家，高中畢業後進入報社工作，後來與小學同學藤本弘前往東京，用「藤子不二雄」筆名共同創作漫畫。

1964年憑《Q太郎》成名，又創作了《忍者小靈精》和《怪物小王子》。1987年二人拆伙，各自發展，安孫子素雄以「藤子不二雄A」的筆名，發表其作品。2005年獲頒日本漫畫家協會獎文部科學大臣獎，2008

年獲頒旭日小綬章。晚年以撰寫散文為主。

【人物群像】

■橫山隆一：創作少年漫畫

橫山隆一（1909-2001），電影導演、漫畫家。生於高知縣高知市。在昭和前期，他創作的《健少爺》、《小阿福》（福仔），普遍得到讀者喜愛，包括成年人在內。戰後，《輪盤賭》等作品成為熱門話題。

1974 年，橫山隆一獲紫綬勳章；1979 年，以《百馬鹿》獲頒日本漫畫家協會獎大獎。1982 年，獲頒勳四等旭日小綬章。1974 年，首次以漫畫家身份獲頒文化功勞獎。高知縣現時有橫山隆一漫畫紀念館，包括油彩畫、水墨畫等作品。

■長谷川町子：日本最初的女性專業漫畫家

長谷川町子（1920-1992），漫畫家。生於佐賀縣多久市。幼年在福岡市長大，1933 年移居東京，後來畢業於山脇高等女學校（現山脇學園短期大學）。太平洋戰爭爆發後，疏散到福岡，並在西日本新聞社學藝部工作，至第二次世界大戰結束後退職。

1946 年，長谷川町子在報紙上發表《蠑螺小姐》，成為新聞四格漫畫第一人，該作品曾數度中斷，改在不同報刊上登載，持續至 1974 年。其間，長谷川町子於

1962 年獲文藝春秋漫畫獎。1982 年獲頒紫綬褒章，1990 年獲頒勳四等寶冠章，1991 年獲頒第二十屆日本漫畫家協會獎文部大臣獎。1992 年去世後，日本政府為表彰其家族漫畫對戰後日本社會的貢獻，授予國民榮譽獎。

長谷川町子是聖公會基督徒，終身沒有結婚。其作品管理權由初由長谷川美術館管理，她去世後該館改名長谷川町子美術館，館址在東京都世田谷區櫻新町，長谷川町子曾在櫻新町居住四十年。

■川本喜八郎：推動人偶動畫

川本喜八郎（1925-2010），著名動畫大師。生於東京。橫濱高等工業學校（現橫濱國立大學）畢業，曾在東寶電影公司從事美術佈景多年，因失業而轉行製作外國明星的玩偶。後來到布拉格師從捷克木偶藝術家伊日·唐卡（Jiri Trnka），研習木偶動畫製作。回國後，積極推動和創作人偶動畫，包括木偶、布偶和紙偶。

川本喜八郎的作品擅長講故事，並能結合傳統木偶的優美造型，題材大都採自佛教故事，意境高深，有濃烈的宿命色彩，悲劇性強，同時又充滿張力，扣人心弦。

川本喜八郎曾為日本放送協會（NHK）製作木偶動畫劇集《三國志義》，獲得好評。1976 年的作品《道成寺》，獲頒法國安納西動畫大獎。1988 年的《不射之射》，與上海美術電影製作廠聯合出品，內容根據中國的民間傳說、春秋戰國時代神射手紀昌的故事改編而成，表現了東方哲學的節奏，予人恬靜淒美的視覺感受。其他作品有《火宅》、《平家物語》等。位於長野縣飯田市的川本喜八郎人偶美術館，於 2007 年開幕。

■高畑勳：執導《再見螢火蟲》

高畑勳（1935-2018），生於三重縣，東京大學法學系畢業後，進入東映動畫，參與製作電視動畫。1968年，他首次執導動畫電影作品《太陽王子》，擺脫了傳統風格，開創了新的形式，成為日本動畫的轉折點。

其後，高畑勳離開東映動畫，與宮崎駿合力製作《熊貓家族》及其續集，1974年開始製作《阿爾卑斯山的少女海蒂》。吉卜力工作室成立後，高畑勳執導了動畫長片《再見螢火蟲》。1994年完成《百變狸貓》，探討現代人類與自然界的互動關係。高畑勳擅長刻畫小人物的情感，與宮崎駿明朗開闊的風格有所不同。

吉卜力（Ghibli）工作室創立於1985年，這個名字的原意，是指「撒哈拉沙漠上吹的熱風」，背後還有一層含義，就是希望這個工作室在動畫界掀起一陣旋風。事實上，此後的十年是日本動畫有巨大發展的時期。

■臼井儀人：《蠟筆小新》的作者

臼井儀人（1958-2009），漫畫家、作詞家。本名臼井義人。生於靜岡縣靜岡市，在埼玉縣春日部市成長。1977年畢業於埼玉縣立春日部工業高等學校。1987年以《不良百貨公司物語》獲頒新人獎，1990年在雜誌上連載長篇漫畫《蠟筆小新》，描述五歲男童野原新之助的生活瑣事，當中有不少露骨的情節，1992年開始播放電視動畫版。

1995至1996年，臼井儀人的另一作品《秀逗媽媽月美》，則以家庭主婦的日常瑣事為主要內容，反映出日本社會的一些現象，有誇張的情節。臼井儀人經常獨自爬山，2009 年的一個上午，在群馬縣與長野縣之間的荒船山，懷疑失足墜崖致死，終年五十一歲。

■三浦美紀：《小丸子》的作者

三浦美紀（1965-2018），漫畫家、作家。生於靜岡縣清水市一個經營生果店的家庭。1986 年，她以筆名「櫻桃子」創作《櫻桃小丸子》，在少女漫畫雜誌刊登，廣泛受到歡迎。

故事以三浦美紀童年時期的生活為藍本，描寫小丸子及其家人、同學、鄰居的日常生活，和學校裏發生的一些事項，尤其是小丸子與爺爺的情節，內容生動、詼諧，充滿溫馨和友誼。《櫻桃小丸子》後來還改編成動畫、電視遊戲、電視片集等。此外，三浦美紀創作了《永澤君》、《石榴小方子》等作品。她的長子筆名「櫻哈密瓜」，2002 年母子共著《魔手大冒險》。

2.7 平山郁夫：尋訪絲綢之路的畫家

1. 生平與作品

平山郁夫（1930-2009），日本畫畫家。生於廣島縣豐田郡（現尾道市）。他十五歲時，因原子彈爆炸致使身體和精神造成傷害。1952 年畢業於東京美術學校日本畫科，翌年在日本美術院展覽會上，首次發表作品《家路》。1959年，他的作品《佛教傳來》引起美術界轟動，從此致力於佛教題材的創作。1961年的《圓寂幻想》和次年的《懷胎靈夢》，均獲頒日本美術院展覽會獎。

平山郁夫的作品，氣魄宏大，在題材和形式上，都為日本畫作出創新之舉。1976年獲頒日本藝術大獎，1982年獲頒美術振興協會獎。1989年任東京藝術大學校長。他出版的畫集，有《平山郁夫》、《描繪大和之路》等。著有《敦煌：歷史之旅》、《平山郁夫對談集》。

2. 赴歐洲和中國寫生

1962年，作為聯合國教科文組織選派的研究員，平山郁夫赴歐洲考察寫生；不久，他開闢了絲綢之路的創作題材，曾經七十幾次尋訪絲綢之路，足跡遍及幾十個國家。作品十分豐富，計有《平山郁山畫集：從西到東》、《絲綢之路素描集》、《走向敦煌之路》等畫冊。

1975年起，平山郁夫多次訪問中國。1979年在北京、廣州兩地先後舉辦平山郁夫畫展。1984年，出任日中文化交流協會副會長；1986年，中國中央工藝美術學院聘他為名譽教授。1992 年，早稻田大學授予名譽博士銜。2002 年，中國政府授予文化交流貢獻獎。在平成時期的著名畫家之中，平山郁夫的輩份次於東山魁夷等人。（表 1）

表 1　平成時期的著名畫家

姓名	簡略介紹
奧村土牛（1889-1990）	正如畫號「土牛耕石田」，創造了滿有近代造形感覺的日本畫。
小倉遊龜（1895-2000）	日本美術院同人，現代女流日本畫家第一人。
上村松篁（1902-2001）	上村松園之子，父子均獲文化勳章，於傳統花鳥畫中表現近代性。
東山魁夷（1908-1998）	東京美術學校畢業，以清澄的作風成為大眾喜愛的國民畫家。
杉山寧（1909-1993）	東京美術學校在學時已為帝展特選，以拔群之素描力繪畫其作品。
高山辰雄（1912-2007）	東京美術學校畢業，現代日本畫的代表畫家之一。
森田曠平（1916-1994）	日本美術院同人，創作多幅具文學素養的歷史畫。
平山郁夫（1930-2009）	東京藝術大學畢業，長年描繪「佛教傳來」的題材，並活躍於保護文化財。

【人物群像】

■福澤一郎：戰後美術的起點

福澤一郎（1898-1992），畫家。生於群馬縣北甘樂郡富岡町（現富岡市）。入東京帝國大學文學部，但有志於成為雕刻家，1924 至 1931 年遊學法國巴黎，受先端美術潮流的影響。1930 年參與組成獨立美術協會，並舉行留歐作品陳列。1936 年開設福澤繪畫研究所，1939 年另組美術文化協會。

1948 年的《敗戰群像》，具有戰後美術起點的意義。1957 年的《埋葬》，獲得崇高評價。1970 年代以後的作品，探索《舊約聖經》中的神話世界。福澤一郎曾任多摩美術大學、女子美術大學教授，1978 年成為「文化功勞者」，1991 年獲頒文化勳章。有《福澤一郎作品集》二卷（1987）。

■丸木位里：夫婦共繪《原爆之圖》

丸木位里（1901-1995），畫家。生於廣島縣安佐郡飯室村（現廣島市安佐北區）。及長，師事著名畫家田中賴璋（1868-1940）、川端龍子（1885-1966），參加日本南畫院、青龍社；1939 至 1946 年間，他的作品在美術文化協會展參展。

1941 年，丸木位里與畫家赤松俊子（丸木俊，1912-2000）結婚。1945 年 8 月廣島原爆發生時，他倆夫婦掛念丸木位里的父母和丸木俊的外家，離開當時很多畫家居住的埼玉縣，回到廣島從事救援工作。親身體察到原爆過後的實情，於 1950 年發表《原爆之圖》，以後還繼續繪畫以原爆為題材的作品。1967 年，在埼玉縣東松山市住宅附近設立原爆之圖丸木美術館。

丸木位里夫婦的其他作品，還有《水俁之圖》、《南京大虐殺之圖》等。丸木俊（1912-2000）生於北海道，廳立札幌高等女學校、女子美術專門學校畢業。她與丈夫一同為歌頌和平而終身奮鬥，努力繪畫，為災民的苦難提出控訴，1996 年獲頒朝日獎。

■守屋多多志：日本畫・古畫再現

守屋多多志（1912-2004），著名畫家。岐阜縣大垣市出身。本名正，與多多志同音。太平洋戰爭時從軍，曾留學意大利。留學前已意識到日本古來大和繪的構成和筆遣，又吸收了洋畫的技法。1960 年代起，以武者繪為中心，背景施以金泥，顯現其豪壯。

守屋多多志的歷史畫，應用於歷史考證、小說插繪等，以及舞台美術、衣裝設計，備受重視。自 1941 年第二十八屆院展起，至 1997 年，幾乎每年都有作品展出。2001 年獲頒文化勳章，同年大垣市守屋多多志美術館開館。

■加山又造：一代繪畫奇才

加山又造（1927-2004），畫家、版畫家。京都府人。幼年跟隨父親學畫，1949 年畢業於東京美術學校（現東京藝術大學）。習日本畫，勇於創新，嘗試過洞窟壁畫和各種繪畫手法，代表作有《冬》、《雪・月・花》、《月光波濤》等。又創作了大量裸女圖，包括《卧着的裸婦》、《躺着的裸女》等。

1983年和1987年，加山又造兩度應邀到中國中央美術學院講學，並擔任該校名譽教授。1988年任東京藝術大學教授，其後獲頒名譽教授稱號。1997年入選文化功勞者，2003年獲頒文化勳章。

■高木聖鶴：以「假名」的書寫為中心

高木聖鶴（1923-2017），書法家。本名高木郁太。生於岡山縣倉敷市，曾就讀於岡山縣高梁中學校。戰後，師事書法家內田鶴雲。1950年，其作品初次入選日本美術展覽會（日展）。他從研究古典作品入手，建立了自己的書風，尤其注重「假名」的書寫，而成為這方面的大家。

高木聖鶴創設朝陽書道會，長期擔任會長。1982年成為日本美術展覽會會員，1991年獲頒內閣總理大臣獎，1995年獲頒日本藝術院獎，2006年入選「文化功勞者」，其後獲頒文化勳章。擔任公益社團法人日本書藝院最高顧問、讀賣書法會最高顧問。著有《假名教室》1和2、《美的百人一首》、《詩歌書例100選（9）：古今和歌集》、《假名應用（讀賣書法講座）》、《高木聖鶴作品集》等。

■田中光常：著名的動物寫真家

田中光常（1924-2016），生態攝影師。生於靜岡縣靜岡市。北海道大學水產系畢業。專門研究南非夜行動物攝影。主要作品有《懷着對動物的愛》、《世界野生動物記》、《日本野生動物記》、《自然、動物、我的愛》上下冊、《世界動物家族》十卷等。他也有拍攝映畫作品。

戰後開始，田中光常走遍世界多個國家和地方，進行拍攝動物的壯舉，包括北極、南極、阿拉斯加、西伯利亞、加拿大、中南美洲、非洲等。著書百餘種，一生中拍攝了大量作品，正如他兩種著作的書名一樣，由《動物親子》到《田中光常的野生世界》。獲頒日本寫真協會功勞獎（1995）及紫綬褒章、勳四等旭日小綬章。

2.8 高田賢三：創立 KENZO 時尚品牌

1. 在巴黎開展時尚生涯

高田賢三（1939-2020），著名時裝設計師。生於兵庫縣姬路市。1964 年到法國巴黎開始他的時尚生涯，創立 KENZO，成為世界高端時尚品牌。

高田賢三設計的作品，融合了東方和西方的潮流元素，創新時尚，尤受明星歡迎。KENZO 中文譯作「凱卓」。KENZO 時裝的特色之一，是有許多熱情的顏色，有活生生的圖案，包括大自然的元素如花朵、動物等，顯得流暢自然，還帶有幾分狂野。

2. 日本著名時裝設計

高田賢三設計的時裝，採用傳統和服式的直身剪裁技巧，不用硬身質料，而能保持衣服挺直的外型。時至今日，KENZO保持在日本大十時裝的前列。日本著名的服裝設計師，主要還有下列幾位：

三宅一生（1938-2022）：他從東方服飾文化和哲學觀點探求服飾與形式之美，衝擊了西方的設計思想，極具東方美學色彩，被譽為「東京國際時裝之父」。

川保久玲：以設計不對稱、曲面狀的前衛服飾聞名，在國際上帶領不顯露身材的服裝設計潮流。

山本耀司：他的作品以簡潔而富有韻味見稱，線條流暢，服裝多是黑色，沿襲了日本傳統，又有反時尚的風格。

【人物群像】

■小篠綾子：日本首位洋裝設計師

小篠綾子（1913-2006），時裝設計師。生於兵庫縣加西市。她是日本時裝界的教祖級人物，曾獲頒產業功勞獎（1983）、勳六等寶冠獎（1986）等。日本放送協會（NHK）的電視連續劇《康乃馨》，就是根據她的生平改編。

小篠綾子的三個女兒，小篠弘子、小篠順、小篠美智子，都是著名的時裝設計師，並稱「小篠三姊妹」。

■山本寬齋：創立 KANSAI 時尚品牌

山本寬齋（1944-2020），時裝設計師、活動策劃師。生於神奈川縣橫濱市。日本大學文理學部英文科肄業。他父親從事西服紡織業，山本寬齋時常幫手，一邊完成中學學業，一邊從事紡織。1971 年成立山本寬齋株式會社，同年在倫敦參加首次由日本人舉辦的時裝發佈會。1975 年在巴黎舉辦了成品服裝展。

山本寬齋榮獲多個獎項，包括第二十一回裝苑賞、第二十一回民俗衣裝文化功勞者・國際文化大賞等。他經歷過事業上的挫折，生活貧困，為了寄託希望，所以給女兒取名為「未來」。

■植村秀：創立 shu uemura 化妝品牌

植村秀（1928-2007），彩妝大師。生於東京都。成城學園高校畢業。他改良了潔顏油，被譽為「潔顏油之父」。創辦植村秀株式會社和 shu uemura 品牌。

植村秀出身富裕家庭，曾在荷里活電影片場擔任化妝師助手，因出色的化妝技術，獲得前往荷里活發展的機會。1964 年返回日本後，次年開設了一間荷里活風格特色的化妝學校。1966 年改良了潔顏油，發明卸妝與清潔合一的潔顏油。次年成立日本化妝公司，接着發表將化妝成為藝術的言論，後於 1982 年將該公司改稱植村秀化妝品公司，並開設名為 shu uemura 的美容精品店。1986 年在法國巴黎開設美容專店。

2.9 竹本住大夫：「文樂最後的名人」

1. 重要無形文化財保持者

竹本住大夫（1924-2018），被評為「人間國寶」。本名岸本欣一。生於大阪。大阪專門學校（現近畿大學）畢業，1946 年入二代豐竹古靭太夫之門，1960 年襲名九代竹本文字太夫。他是第六代養子，1985 年襲名第七代。2002 年成為日本藝術院會員，2004 年獲頒每日藝術獎，2005 年入選文化功勞者，2007 年獲頒朝日獎，2013 年獲頒菊池寬獎，2014 年獲頒文化勳章。

高遠弘美著《七世竹本住大夫：我走過的九十年》（2015），分四章敘述他的生平：第一章〈幼少年時代〉，從出生到小學畢業；第二章〈青春時代〉，從中學入學到日本戰敗；第三章〈修業時代〉，記載豐竹古住大夫時代；第四章〈圓熟時代〉，從襲名竹本文字大夫說起。

2. 人形淨瑠璃

人形淨瑠璃又稱人形芝居，是日本獨特的木偶戲，即木偶（人形）與日本曲藝（淨琉璃）的結合，演唱者用琵琶和三弦琴伴奏，操演者在前台牽動木偶，把劇情展現出來。人員為一至三人。

十六世紀時，人形淨瑠璃在京都興起；十七世紀時，流行於江戶。著名藝人竹本義太夫（1651-1714）和唱詞作家近松門左衛門（1653-1724）使其發展成為獨立的戲劇形式，主要劇團為竹本座和豐竹座。

十八世紀中期以後，因歌舞伎興起，人形淨琉璃被掩蓋。明治時期，以大阪文樂座的演出為代表而流傳下來。

■米川文子：著名箏曲演奏家

米川文子（1895-1995），箏曲生田流師家。岡山縣人。山脇高等女子學校畢業。拜米川暉壽為師，學習箏曲。1966 年被列為「重要無形文化財產」，同年獲頒四等勳章。1978 年當選為日本藝術院會員。曾任日本三曲協會會長。代表作有《春琴抄》、《春鶯囀》，《秋之風》等。

■井上八千代：「京舞井上流家元」

井上八千代（1905-2004），傳統舞蹈（邦舞）家。生於京都。三歲入京舞井上流三世井上八千代之門，後以定子藝名為舞妓，十四歲時取名井上愛子。1923 年成為八坂女紅場學園舞蹈科教師，1947 年襲名四代井上八千代。

1955 年，獲頒日本藝術院獎。1955 年，被認定為「人間國寶」。1975 年入選文化功勞者，次年獲頒勳三等寶冠章。1990 年獲頒文化勳章。

■吳清源：有「棋聖」之稱的圍棋名家

吳清源（1914-2014），圍棋棋士。名泉。原籍福建閩侯。後入日本國籍。八至十歲時，已棋藝驚人，屢勝中外強手。1929 年應聘赴日本，屢獲彪炳戰績。

吳清源在「本因坊戰」、「最高位戰」、「名人戰」、「十番棋戰」等戰局中，均有出色表現；他創造的佈局定式，風行於棋壇。著有《吳清源全集》、《黑白佈局》、《鬼手、妙手、魔手》等。

■茂山千作：狂言大師

茂山千作（1919-2013），著名狂言師。京都人。1966年繼承為十二世茂山千五郎，1994年使用四世茂山千作之名。被評為「人間國寶」。代表作有《六五郎》、《克薩人回想巴拿馬島》、《國王和恐龍》等。他與弟弟二世茂山千之丞（1923-2010）共同致力傳承古典狂言，也創作新式狂言，風格平易近人，很受歡迎。2007年獲頒文化勳章，成為日本藝術院會員。

狂言是滑稽性喜劇，亦稱「能狂言」、「猿樂狂言」，一般是在「能」(佩戴面具演出的一種古趴歌舞劇)的中間插言，室町時代從猿樂獨立出來。劇目主題多出自日常生活，劇情簡單，具諷刺性，是民眾喜歡欣賞的文娛。江戶時代有《狂言記》，是狂言詞章版本的總稱。

■桂米朝：「上方落語四天王」

桂米朝（1925-2015），落語家。本名中川清，俳號八十八。生於中國大連，後移居奉天（現瀋陽）。1930年跟隨父親返回兵庫縣姬路市，曾就讀於大東文化學院（現大東文化大學）。

1947年，桂米朝師事四代桂米團治（1896-1951）；後來又致力發掘文獻，成為落語研究家。他與六代笑福亭松鶴、三代桂小文枝（後為五代桂文枝）、三代桂春團治，盡力於上方落語的復興，並為「上方落語四天王」。被評定為「人間國寶」，獲頒文化勳章。有《桂米朝上方落語大全集》（2006）。

落語是源於江戶時代的一種傳統藝術，類似中國的單口相聲，多在結尾時「抖包袱」，逗聽眾發笑。江戶時代的代表人物，是三游亭圓朝（1839-1900）。因主要在畿內（大阪、京都一帶）的上方演出，所以統稱為「上方落語」。

第三章

語言、文學與評論

現代日本文學以小說為大宗，小說是時代的反映和生活的寫照，最能展現社會的多元面貌，而評論則就種種問題和現狀加以探討，不限於文學評論，還包括政治、經濟等各方面的社會評論。

語學及文學研究，從通盤或專門的角度予以綜合和分析。漢字是日文的重要組成部分，日本文學與中國文學息息相關；近代以來，研究西方文學的志趣者漸多，日本作家、小說名家，不少出身於大學英文系、法文系，是頗有趣的一個現象，從中可以看到西方文化對日本的影響。

日本的暢銷小說，主要包括推理小說、科幻小說、愛情小說、歷史小說。繼明治後期日本近代文學興起之後，大正時期、昭和前期的作家和作品，在昭和後期續有發展，至平成時期可說是集日本近現代文學之大成。不過，小說暢銷與否，大抵還有時代和媒體等因素，例如電影、電視劇，以及動漫文化潮流等。戰爭題材的小說和日本獨特的原爆文學，隨着時代過去而漸消退，然而殷鑑不遠，這對日本人是有警示意義的。戰後備受讀者喜愛的社會小說、經濟小說、危機小說，也由於時代變遷而較受冷落了。今後日本文學何去何從，在二十一世紀似乎迷失了方向。

日本戰後派文學家，在進入平成時期後，約有半數仍然健在，他們的作品大多在坊間可見。（表 2）明治後期至昭和時期小說家的代表作，在文壇仍居主流地位。從這個角度看，平成時期的文學，大抵是昭和後期的延續，川端康成等名家的作品仍然廣受推崇。1994 年大江健三郎獲頒諾貝爾文學獎後，日本文學界一直期待有新的得獎者。

表 2　日本戰後派文學家

次數	主要作家	代表作	年份
第一次戰後派（戰後初期成名）	野間宏（1915-1991）	《真空地帶》	1952
	椎名麟三（1911-1973）	《深夜的酒宴》	1947
	埴谷雄高（1900-1997）	《惡靈》	1946
	梅崎春生（1915-1965）	《櫻島》	1946
	大岡升平（1909-1988）	《野火》	1948
	武田泰淳（1912-1976）	《風媒花》	1952
	中村真一郎（1918-1997）	《賴山陽及其時代》	1971

第二次戰後派（朝鮮戰爭前後成名）	安部公房（1924-1993）	《砂之女》	1962
	三島由紀夫（1925-1970）	《金閣寺》	1956
	堀田善衛（1918-1998）	《廣場的孤獨》	1951
	島尾敏雄（1917-1986）	《死的荊棘》	1960

大江健三郎，1959 年畢業於東京大學法國文學科。1967 年完成的長篇小說《萬延元年的足球》，表現了核戰爭時代的恐怖和不安，是他的代表作，有評論集《核時代的想像力》和《小說的方法》等。曾多次訪問中國，並且得到二十一世紀年度最佳外國小說微山湖獎。

談到平成文學，自然要提村上春樹。1973 年畢業於早稻田大學文學部演劇科，1979 年發表中篇小說《聽風的歌》，次年創作長篇小說《去中國的慢船》。1982 年以《尋羊歷險記》獲野間文藝新人獎。其作品有「青春小說」之稱，反映了 1960 年代以後青年一代的思想和生活。1987 年的長篇小說《挪威的森林》，在日本暢銷四百萬冊。其後發表的作品，有《海邊的卡夫卡》、《1Q84》和短篇小說《東京奇譚集》等。

3.1 金田一春彥：日本國語學家

1. 以編纂國語辭典聞名

金田一春彥（1913-2004），著名語言學家、方言研究者。生於東京。語言學家金田一京助長子。東京帝國大學文學科、大學院畢業。東京外國語大學名譽教授。1986 年獲頒勳三等旭日中綬章，1997 年獲選為文化功勞者。

金田一春彥著《日本語》（岩波新書），新舊版銷量合共一百三十五萬冊，他以編纂國語辭典聞名於學界，有《皇冠學習國語百科辭典》、《學研全譯古語辭典》、《全譯用例古語辭典》、《新明解國語辭典》等。另有《日本語教室》和《金田一春彥著作集》。

金田一春彥在高中時代立志做作曲家，獲 1983 年度日本兒童文學會獎，1998 年出版了歌集《白色的小船》，2001 年在山梨縣長坂町的中央公民館內，舉辦了金田一春彥所作歌曲的演唱會。

2. 一門數傑盡是語言學家

金田一春彥的長子金田一真澄，是語言學者。其初在早稻田大學理工學部電氣工學科學習半導體，碩士課程畢業後轉而研究語言學，於慶應義塾外國語學校取得俄國語碩士學位，1982 年又於早稻田大學專政俄國文學碩士課程，1988 年於東京大學完成俄語俄文博士課程。

1989 年，金田一真澄成為慶應義塾大學理工學部專任講師，後任副教授，1996 年升教授，2014 年退職後為名譽教授。同年擔任山梨縣北杜市金田一春彥記念圖書館名譽館長。2018 年出任長野縣立大學初代校長。著有《俄語時制論：歷史的現在及其周邊》、《莫斯科的俄語入門》等。

金田一春彥次子金田一秀穗也是語言學家，其專業是日語教育、言語行為、語義學。上智大學文學部心理學科畢業，1983 年東京外國語大學日本語學博士課程修了。曾在大連外國語學院、哥倫比亞大學教授日語，及為哈佛大學客座研究員。後任杏林大學外國語學部教授、政策研究大學院大學客座教授，並經常在電視節目中亮相，又擔任東南亞國家日語教師的指導工作。編著《學研現代新國語辭典》等。

【人物群像】

■白川靜：古代漢字研究家

白川靜（1910-2006），漢文學者，福井縣人。1935年畢業於京都帝國大學，後獲頒京大文學博士學位。任立命館大學副教授、教授及名譽教授。其他履歷，包括東方學會會員、日本中國學會會員。

白川靜在甲骨文、金文等古文字學方面，有深入的研究和獨特見解。由考古學到民俗學，旁及神話和文學。著作包括《漢字》、《金文的世界：殷周社會史》、《甲骨文的世界：古代殷王朝的構造》、《孔子傳》、《中國的神話》等，有《白川靜著作集》八冊。

■小尾郊一：中國古代文學研究家

小尾郊一（1913-2004），文學博士。出身長野縣諏訪郡（現茅野市）。1941年畢業於廣島文理科大學漢文學科，後任講師；1952年任廣島大學文學部副教授，1959年升教授。從事六朝文學研究、中國文學中所表現的自然研究、《詩品》中詩人系統的研究及齊梁文學的綜合研究。1977年退職後獲名譽教授稱號，並為私立武庫川女子大學文學部教授。

1976年，小尾郊一任《文選集注》綜合研究負責人；編纂《文選》八卷（集英社全譯漢文大系）。主要著作為《中國文學中所表現的自然與自然觀：以魏晉南北朝文學為中心》，有上海古籍出版社2014年中譯本。

■香坂順一：著名的中國語學者

香坂順一（1915-2003），中國語學者。生於 木縣。東京外國語學校支那語科畢業，曾就讀於廣州嶺南大學。戰後任大阪市立大學教授，大東文化大學東洋文化研究所教授、中國語學科主任及校長。曾任 NHK 中國語講座講師。一般財團法人日本中國語檢定協會創設者及初代理事長。1990 年獲頒勳三等旭日中綬章。

香坂順一著作甚夥，有《簡明中國語文法》、《現代中國語入門》、《中國語學的基礎知識》、《中國雜學物語》、《北京大學二年》、《〈水滸〉語彙與現代語》等。另有譯著多種。

■竹內實：「現代中國研究第一人」

竹內實（1923-2013），中國文學研究者。生於中國山東省，後移居東北長春。1942 年返回日本。戰後，1949 年畢業於京都大學文學部，1953 年畢業於東京大學研究院。任東京都立大學助教、副教授，京都大學人文科學研究所教授、所長。

竹內實曾多次到中國訪問，擔任北京日本學研究中心主任教授及西北大學、杭州大學、廈門大學客座教授。著有《現代中國的文學：展開與論理》、《中國：同時代的知識人》、《中國之思想：傳統與現代》、《毛澤東與中國共產黨》、《對中國的視角》等。1987 至 1994 年，擔任日本現代中國研究會會長。

■江藤淳：夏目漱石研究者

江藤淳（1933-1999），文藝評論家。原名江頭淳夫。

東京人。就讀慶應義塾大學英文科期間，在《三田文學》雜誌上發表研究夏目漱石的論文。畢業後專事文學批評，對大江健三郎、石原慎太郎、三島由紀夫的作品予以充分肯定。

1962 年，江藤淳留學美國，入讀普林斯頓大學，並在《文學界》雜誌連載評傳《小林秀雄》。1965 年後，在東京教育大學、慶應義塾大學執教。1967 年發表《漱石與他的時代》，獲頒菊池寬獎、野間文藝獎。1971 年任東京工業大學社會學部教授。

江藤淳的評論，着重東西方文化思想的比較，注意作家與時代的關係，有《排斥奴隸思想》、《作家論》、《成熟與喪失》等，後者被視為瞭解戰後日本文學的重要著作。有《江藤淳著作集》五卷、續集五卷，《江藤淳全對話》四卷、《江藤淳文學集成》五卷。

3.2 安部公房：戰後派的前衛作家

1. 創作的歷程

安部公房（1924-1993），著名小說家、劇作家。生於東京，幼年隨任職醫師的父親移居中國瀋陽，度過小學和中學時代，至 1940 年返回日本。1943 年入東京帝國大學醫學部，其後逃避徵兵，再赴瀋陽，到戰後才回國。1947 年復學，同年自費出版《無名詩集》。次年大學畢業，發表長篇小說《終點的路標》，並成為《近代文學》雜誌同人。

1951 年，安部公房以超現實主義的手法，創作短篇小說《牆：S · 加爾瑪氏的犯罪》，獲頒第二十五屆芥川獎。故事寫 S · 加爾瑪晨早醒來，發覺自己失去了姓名，他的職務和地位，被他的名片變成的人形佔據了；到醫院看病。卻被當成罪犯受審，因為沒有姓名無法判決而被放逐，最後變成一塊牆壁。人在社會中被抽象化的荒誕現象，在小說中表露無遺。

安部公房一度傾向共產主義，加入日本共產黨，至 1962 年脫黨，其間發表了長篇小說《飢餓同盟》和劇本《幽靈在此》，描寫戰後的社會心理，還有科幻小說《第四間冰期》等。

2.《沙丘之女》

1962 年，安部公房出版長篇小說《砂之女》（中文譯作《沙丘之女》），描寫一個男人的奇遇，對人類社會和人際關係作出反思，在國際文壇引起注目，成為近代日本文學傑作之一，受到評論家高度讚賞。

故事的主人翁在海邊的沙丘搜集昆蟲，到天色已晚時，村民安排他住進生活在沙丘深處的婦人家中，後來才發覺是個騙局，無法離開，還要經常為村民把沙運上地面。他多次設法逃走，但都失敗，直至有一次成功爬上地面，卻突然發覺已在沙丘生活了很久，竟自動回到沙丘深處和婦人身邊，繼續過着同樣的生活。

《沙丘之女》獲法國最優秀外國文學獎，故事並被拍成電影。安部公房的其他作品，包括長篇小說《燃燒的地圖》、《密會》，劇本《朋友》、《愛的眼鏡是有色玻璃》，及評論集《沙漠的思想》等。

【人物群像】

■堀田善衛：以上海生活經驗為題材

堀田善衛（1918-1998），小說家、評論家。生於富山縣一個經營駁船業的家庭，自幼對海外新聞多所知悉。1936 年入慶應義塾大學政治科，後轉法文科，曾在《荒地》、《山樹》等雜誌上發表詩歌。1942 年畢業後，在國際文化振興會任職，1945 年被派到上海，1947 年回國，在《世界日報》社當記者。

1948 年起，堀田善衛發表了幾篇以上海生活經歷為題材的短篇小說，1952 年合編為《喪失祖國》，同類作品還有《齒輪》等。中篇小說《廣場的孤獨》，則寫日本人在動蕩國際政治下的狀況。他曾多次出訪中國和印度，著有長篇評論《亂世的文學家》。

■阿川弘之：寫回到家鄉廣島的感受

阿川弘之（1920-2015），小說家、評論家。生於廣島縣廣島市。東京帝國大學提早畢業，應徵入伍到中國。1946 年作為戰俘被遣送回日本，先到廣島，後去東京，開始寫小說。短篇小說《年年歲歲》根據他自身的經歷，描述日本士兵由中國武漢返回廣島時的感受。長篇小說《春之城》，反映了大學生士兵如何面對青春。

其後，阿川弘之以廣島遭受原子彈轟炸為題材，創作長篇小說《魔鬼的遺產》（1954），又以知識分子當兵後的想法，寫成《雲之墓標》。1955 至 1956 年留學美國，有長篇遊記《加利福尼亞》和短篇小說《走樣的自畫像》等。代表作還有描繪日本帝國海軍提督的《山本五十六》、《米內光政》、《井上成美》三部曲等。日本藝術院會員，1999 年獲頒文化勳章。

■井上光晴：描寫戰後青年的苦悶

井上光晴（1926-1992），小說家。生於中國旅順，自幼父母雙亡。他做過童工，1945 年加入日本共產黨。1950 年發表短篇小說《寫不得的一章》，1953 年退黨。1960 年發表長篇小說《虛構的吊車》，反映出戰時動盪的社會生活。

其後，井上光晴的作品，大多關於戰後青年人的苦悶情緒，及部落民、旅日朝鮮人、原爆受害者的種種問題。他發表的長篇小說，除代表作《地之群》外，還有《黑森林》、《善良的叛逆者》和《丸山蘭水樓的女人們》。

■小田實：小說與評論

小田實（1932-2007），小說家、評論家。生於大阪。早年發表中篇小說《後天的手記》及長篇小說《我的人生時刻》。1957 年畢業於東京大學文學部語言學科，升讀大學院，曾赴美國留學。次年回國後，發表遊記《縱觀一切》及長篇小說《美國》，內容多提及美國的種族差異等問題。1965 年出版論著《開拓戰後的思想》，其後創作描寫一個女大學生內心世界的《現代史》。

1970 年，小田實與開高健、高橋和巳等創刊《作為人》；1979 年，與野間宏、井上光晴等創刊《使者》。有隨筆集《人間一個人的考察》，及長篇小說《蛾島》等。他也是個政治運動家，著《小田實的反戰讀本》、《小田實的反核讀本》。

3.3 司馬遼太郎：「中間小說」第一人

1. 大眾文學巨匠

司馬遼太郎（1923-1996），著名作家。本名福田定一，筆名是表明在文學方面「遠比不上司馬遷」之意。大阪人。1943 年畢業於大阪外國語學校（大阪外國語大學前身，現併入大阪大學）蒙古語科，先後在新日本新聞社、產經新聞本社文化部供職，開始撰寫歷史小說，1961 年成為歷史小說專業作家。

司馬遼太郎的作品，以描述江戶末期的人物和史事為主，生動而富感染力，備受讀者歡迎。代表作有《波斯幻師》、《梟之城》、《龍馬行》、《坂上之雪》等。先後獲頒直木獎、菊池寬獎、日本藝術院恩賜獎、日本文學大獎等，1981 年成為日本藝術院會員。1993 年獲頒文化勳章。

2. 歷史小說的新視野

司馬遼太郎的歷史小說，大多以日本戰國時代和明治維新前後的重大事件為題材，把歷史上推動生產力向前發展的人物，放在新舊勢力激烈鬥爭的環境中，歌頌他們的競爭性、冒險性和進取性，以剛勁的文筆描述他們應付複雜形勢的精神面貌和卓著事蹟。《空海的風》記敘到中國唐朝留學的高僧空海（774-835）大師，《梟之城》描述安土桃山時代伊賀之亂後流放異地的武士，《龍馬行》把維新志士坂本龍馬傳奇的一生活現紙上，都是極其典型的例子。他的很多作品，都被拍成電影和電視劇。

李德純著《戰後日本文學》（瀋陽：遼寧人民出版社，1988）指出：「司馬遼太郎在作品中大膽展現了高度開放性、立體化的小說思維特性，表現在時間和空間跨度浩瀚，時序錯位，空間交叉，使結構與藝術內涵達到了和諧。……通過典型人物的心靈世界，展示了民族文化心理結構中最積極的一面，呼喚人們對民族文化的積極揚棄和擷取，從而探索出具有活力的源頭。」可以肯定地說，司馬遼太郎開拓了歷史小說的新視野。

3. 適應時代的要求

司馬遼太郎的作品大受歡迎的原因之一，是適應了戰後日本，尤其是 1950 至 1970 年代人們的要求和心聲，被譽為「中間小說」第一人。中間小說是指介於純文學與大眾文學之間的小說，此類作品追求較高的表現技巧，促進了新文學手法的推廣。在根深柢固的傳統下，處於嶄新的時代和環境，對未來抱持光明的想望，是其小說歷久不衰的根本所在。

司馬遼太郎的隨筆如《中國之旅》和紀傳文學，也很有特色。連同眾多的小說，合編為《司馬遼太郎全集》。2001 年，位於東大阪市的司馬遼太郎記念館開幕，鄰接司馬遼太郎的宅邸，由建築大師安藤忠雄設計，內面有高達十一公尺的三層穿堂大書架，文學氣息濃厚。

【人物群像】

■陳舜臣：中國歷史小說名家

陳舜臣（1924-2015），小說家。祖籍台灣台北，生於日本兵庫縣神戶市。大阪外國語學校（現大阪大學）畢業。1990 年入日本籍，1998 年獲頒勳三等瑞寶章。日本藝術院會員。

陳舜臣以推理小說成名，著有中國歷史小說多種，包括《鴉片戰爭》、《太平天國》、《秘本三國志》、《小說十八史略》、《中國歷史風雲錄》等，另有琉球史小說《琉球之風》、《憤怒的菩薩》等。《枯草之根》和《青玉獅子香爐》是陳舜臣的代表作，曾獲頒江戶川亂步獎、直木獎、吉川英治文學獎、大佛次郎獎、讀賣文學獎隨筆紀行獎等。《風騷集》和《鄭淮集》，是陳舜臣的漢文詩歌集。

■丸谷才一：現代文壇代表人物

丸谷才一（1925-2012），小說家、文藝評論家。生於山形縣鶴岡市。東京大學畢業，1952 至 1959 年，在《秩序》雜誌上連載長篇小說《躲開耶和華的臉》，影射大戰期間天皇制下嚴密的徵兵制度。1953 年任國學院大學講師，翌年升副教授。

1965 年，丸谷才一到東京大學英文科執教。次年出版長篇小說《露宿》，描寫主人公在戰爭期間為逃避兵役離家出走，終日惴惴不安的情況。其後發表的中篇小說《殘年》（1968），反映人們懼怕私隱為人所知的心理狀態。此外有隨筆集《男人的口袋》、《遊戲時間》等，內容富幽默感。

丸谷才一曾獲頒芥川獎，後來擔任芥川獎評選委員。他在古典文學方面造詣亦深，撰有評論集《雁信》、《日本文學史早知道》等。入選為文化功勞者，並獲頒文化勳章。

■山口瞳：「男性自身系列」

山口瞳（1926-1995），小說家。東京都人。1950 年畢業於國學院大學，後來擔任雜誌編輯。1963 年以長篇小說《江分利滿氏的優雅生活》獲直木獎，從而登上文壇。其後還有《江分利滿氏的華麗生活》、《江分利滿氏的忿怒》等作品，內容反映了戰後小市民在社會變化中的失落感。山口瞳的長篇小說《血族》，獲頒菊池寬文學獎。另有《結婚》、《我們的城鎮》、《認真的人》及短篇小說《夫婦百歲》等。

山口瞳的作品之中，包括「男性自身系列」二十餘種，計有《舊友再會》、《隔牆有耳》、《少年們啊，未來》、《天下之美女》、《隱居志願》、《銀婚式決算報告》、《禁酒時代》、《還曆老人憂愁日記》、《年金老人奮戰日記》等等。單從書名，就可以聯想到男人的一生。有《山口瞳大全》十一卷及《山口瞳電子全集》二十六回配信（2016-2018）。

■兒島襄：日本戰爭界權威作者

兒島襄（1927-2001），作家、歷史學者。東京人。東京大學法律系畢業，曾任職於共同通信社，及為日本文藝家協會、國際文化會館成員。著有《太平洋戰爭》、《指揮官》、《第二次世界大戰》、《馬來之虎：山下奉文》、《參謀》等三十餘部。

《太平洋戰爭》是暢銷書，重版數十次，是對日本「必敗之戰」的一次深刻反思，強調此一戰爭影響世界將長達三百年。此外，著有《東京裁判》、《日本佔領》、《朝鮮戰爭》等。

3.4 瀨戶內寂聽：著作超過四百冊的女作家

1. 寫愛情與事業的矛盾

瀨戶內寂聽（1922-2021），小說家、佛教天台宗僧侶，俗名瀨戶內晴美。生於德島縣德島市一個經營佛壇店的家庭。德島縣立高等女學校、東京女子大學國語專攻部畢業。1963 年，她以自己的情史為基礎，寫成半自傳小說《夏之殘戀》，獲頒女流文學獎，奠定了作家的地位。

1973 年五十一歲時皈依佛門，法號寂聽，翌年在京都嵯峨野開設「寂庵」，後來兼任岩手縣天台寺住持，到各地說法。出家後仍持續寫作，1974 年發表自傳性小說《從何而言》、《色德》、《擁抱》；此後，創作範圍擴及佛教小說和古典文學。1992 年以《問花》一書獲頒谷崎潤一郎獎，1998 年將《源氏物語》改寫成十冊的白話文小說。著作極多，超過四百冊。1997 年入選為文化功勞者，2006 年獲頒文化勳章。九十五歲時，出版長篇小說《生命》。

2. 出家前的文學作品

1973 年出家前，瀨戶內晴美於高中時期即發表詩文作品。1943 年與丈夫到中國北平，1946 年回國。1948 年與一青年私奔到京都，不久入京都大學附屬醫院小兒科研究室，並以筆名「三谷晴美」，發表小說《藍色的花》。1950 年離婚後，為《文學者》雜誌同人。1955 年發表短篇小說《女大學生曲愛玲》，1957 年因其小說《花芯》有赤裸裸的色情描寫，引起文壇爭論。

此後，她以愛情和事業的矛盾為題材，創作長篇小說《田村俊子》、《可能子的撩亂》、《鬼之栖》；取材於自己婚姻生活的短篇小說，除《夏之殘戀》外，還有《依戀》和《美在亂中》。其他作品，包括《焚蘭》、《平靜的房間》等。

【人物群像】

■山代巴：塑造農村婦女形象

山代巴（1913-2004），作家。廣島縣人。農民家庭出身。東京女子美術專業學校肄業，讀西洋畫師範班。其後輟學到工廠做工，並從事工會活動，1926年被捕，出獄後與社會活動家、革命家山代宗吉（1901-1945）結婚。1940年以脅從罪與丈夫一起被捕，在獄中了解到女囚的悲慘命運。戰後出獄，丈夫卻死於獄中。她曾任廣島縣農民協會書記，參與創辦《大眾俱樂部》。

山代巴的作品，以描述農民生活見稱，塑造農村婦女形象尤為出色，有《款冬草之莖》、《板車之歌》、《萌芽之時》等。晚年著《道路雖然黑暗》、《衝過濁流》、《創造民間故事的人們》。

■廣池秋子：瑜珈和女性健美

廣池秋子（1919-2007），作家、瑜珈研究家。埼玉縣人。東京府立第七高等女子學校畢業。1953年，她的小說《奧里女子們》成為芥川獎候補作品。此外，著有《花表》、《女人的所想》、《愛的表現》、《在日本的越南戰爭》等。

廣池秋子曾任廣池瑜珈健康研究所所長，出版關於氣功和體育健美類書籍，例如《瑜珈健康法》、《如何在二十一天內使你更亮麗》（保你在三週內減肥健美）等，不少都有中譯本。

■杉本苑子：歷史小說家

杉本苑子（1925-2017），小說家。東京都出身。千代田女子專門學校（現武藏野大學）、文化學院畢業。1962 年以《孤愁之岸》獲直木獎，此後作為歷史小說家活躍於文壇。1985 年 NHK 大河劇《春之波濤》，以她的作品搬上電視。故事的主角是有「日本第一號女優」之稱的藝妓川上貞奴（1871-1946），曾經是首相伊藤博文的小妾，後來嫁給演員川上音二郎，丈夫死後與電力王福澤桃介相愛，但不肯做他的侍妾。杉本苑子的代表作有《船與將軍》、《玉川兄弟》、《瀧澤馬琴》、《穢土莊嚴》、《風之群像》等，大部分收於《杉本苑子全集》二十二卷（1997-1998）。

杉本苑子獲得的文學獎，計有直木獎、吉川英治文學獎、女流文學獎、菊池寬獎，1987 年獲頒紫綬褒章，1995 年獲選「文化功勞者」，2002 年獲頒文化勳章。

■山崎朋子：電影《望鄉》的原作者

山崎朋子（1932-2018），女性史研究者、紀實文學作家。生於長崎縣佐世保市。她以半工半讀的形式，完成中學和在福井大學畢業。任職教師，並進行女性史研究，對底層女性的命運尤其關注，做了很多細緻的採訪工作。

山崎朋子著《山打根八番娼館：底邊女性史序章》（1972），描寫明治初期九州天草群島地區的婦女賣身，被騙到東南亞婆羅洲山打根做娼妓的悲慘故事，即電影《望鄉》的原著。山崎朋子還著有《愛與鮮血：亞洲女性交流史》等。

■三浦綾子：官《冰點》和《續冰點》

三浦綾子（1936-1999），作家。舊姓堀田。東京人，生於北海道旭川市。旭川市立高等女子學校畢業，任小學教師七年。退職後博覽群書，在醫院接受基督教洗禮。1959 年與三浦光世結婚。婚後撰寫福音小說《冰點》，1964 至 1965 年在《朝日新聞》連載，一舉成名，其後又於 1970 至 1971 年連載《續冰點》，故事以冰天雪地的北海道為背景，探討人類心靈對原罪的覺醒，圍繞着仇恨和寬恕的主題，敍說如何釋懷重走人生旅程。

《冰點》曾多次被改編成電影，成為三浦綾子的代表作。其他作品，包括《有路》、《自我構圖》、《泥流地帶》、《槍口》、《白色的冬日》、《天北原野》等。三浦綾子與同時代的女性作家曾野綾子，一起被稱為「W 綾子」。曾野綾子於 1974 年發表長篇小說《虛構之家》，剖析日本當代家庭崩潰的癥結，曾引起巨大反響，同期作品還有中篇小說《壓傷的蘆葦》等。

3.5 山崎豐子：《白色巨塔》的作者

1. 大阪商人的女兒出身

山崎豐子（1924-2013），作家、小說家。大阪人。1945 年畢業於京都女子專門學校（現京都女子大學）國文系，在大阪《每日新聞》社調查部任職，次年轉任文藝部記者，在文筆方面受到副部長井上靖的薰陶和指導。

1957 年，山崎豐子發表處女作《帘》，寫經售海帶的大阪商人。次年發表《花帘》，描述一個女人經營曲藝場的故事，獲頒直木獎。同年退出《每日新聞》社。1959 年發表《盆地》，獲頒大阪府藝術獎。

2. 揭露社會問題的小說

1961 年，山崎豐子與杉木龜久雄結婚，其後，著《女人的勳章》、《花紋》等小說。1965 年發表《白色巨塔》，透過醫療事故、外科主任賄選等情節，描繪醫學界的內幕。

1972 年發表《華麗家族》，以萬俵一家的姻親關係為脈絡，及政界、財界頭目互相勾結的現象，揭露社會問題。其他著作，還有《偽裝集團》、《不毛家族》、《女系家族》等。

【人物群像】

■河野多惠子：獲谷崎潤一郎獎

河野多惠子（1926-2015），小說家。生於大阪市。本名市川多惠子。大阪府女子專門學校（現大阪府立大學）畢業。1963 年以《蟹》獲頒芥川獎。1987 至 2007 年，擔任芥川獎選考委員。1989 年成為日本藝術院會員。

1976 年，河野多惠子以《谷崎文學與肯定的慾望》獲頒讀賣文學獎，撰寫關於小說家谷崎潤一郎的評論，1980 年以《一年之牧歌》獲頒谷崎潤一郎獎。其後她還擔任谷崎潤一郎獎選考委員，1989 年成為日本藝術院會員。她的作品，相繼獲頒野間文藝獎、每日藝術獎、川端康成文學獎。2002 年入選為文化功勞者，2014 年獲頒文化勳章。有《河野多惠子全集》十卷。

■田邊聖子：有濃郁的大阪氣息

田邊聖子（1928-2019），小說家。生於大阪。樟陰女子專科學校（現大阪樟陰女子大學）國文系畢業。曾在批發商店工作，熟悉大阪商人生活，其作品的特色，是以幽默手法和運用大阪方言見稱。撰有《千根黑髮：我所愛的與謝野晶子》、《新源氏物語》、《文車日記：我的古典漫步》等。

田邊聖子的創作，主要是戀愛小說，代表作之一是《讓愛靠過來》，深受女性讀者喜愛。她著有單行本著作二百五十種以上，收錄於《田邊聖子全集》二十四卷、別卷一卷的，只佔全部作品約四分之一。田邊聖子與河野多惠子、山崎豐子，都是大阪商人的女兒出身。

■三枝和子：研究哲學出身的作家

三枝和子（1929-2003），作家。神戶市人。關西大學哲學系畢業後，於該校大學院研究尼采和黑格爾哲學。曾在神戶、京都任教，退職後專門從事創作。

三枝和子的著作，有《處決在進行》、《鏡中的黑暗》、《反復的早晨》、《咖啡館的星期四》、《八月的修羅》、《花束中的炸彈》等。三枝和子的丈夫森川達也（1922-2006），是文藝評論家、僧侶，本名三枝光一，著有《森川達也評論集成》六卷。

3.6 小松左京：《日本沉沒》引起反響

1.「日本科幻界的推土機」

小松左京（1931-2011），作家。大阪人。京都大學文學部意大利文學專業畢業。曾任《經濟》雜誌記者。1962 年發表短篇小說《給大地以和平》，成為此後創作的基調。

1964 年，小松左京發表長篇小說《日本的阿帕知民族》，以諷刺手法描寫一個人異化為吃鐵怪物的經過；同年的《復活之日》，述說原子彈將毀滅人類的情景。

2. 經濟高度發展帶來危機意識

小松左京於 1973 年發表長篇科學幻想小說《日本沉沒》，設想日本列島因地殼大變動而沉入海底，反映了經濟高速增長的日本，為社會帶來高度的危機意識。小說引起極大反響，成為他的代表作，轟動一時，銷出四百萬冊。故事描繪了日本當局在國際間求援，各國對此的反應，以及中、美的大國搏弈，政客和民眾的不同態度等。小松左京獲頒第二十七回日本推理作家協會獎，小說則由東寶公司改編成電影，成為災難電影熱潮的先驅者，另有漫畫、電視劇。2006 年再度改編拍成電影，草彅剛主演。此外又有《日本沉沒 2020》動畫版，話題歷久不衰。

小松左京的其他作品，有《大地上的和平》、《通向神的漫長道路》、《在溪流的盡頭》、《誰來接續？》、《日本的沉默》，評論《未開的思想》，對談集《對地球的思考》、《歷史與文明之旅》、《日本人的心》等，彙編為《小松左京全集》五十六卷。

小松左京與星新一、筒井康隆並稱「科幻小說御三家」，筒井康隆的作品有《穿越時空的少女》、《盜夢偵探》，及《日本以外全部沉沒》（1973 年）等，不少被改編為電視劇。

【人物群像】

■水上勉：推理小說作家

水上勉（1919-2004），小說家。生於福井縣。父親是窮木匠，他九歲到京都相國寺當徒弟，幾年後出走，做過送報、賣藥等工作。1937 年入立命館大學國文科，一年後退學，到中國東北，後因病回國，任國民學校助教，戰後到東京。

水上勉的處女作是長篇小說《平底鍋之歌》（1948），反映出下層社會的貧困生活。其後輟筆十年，1959 年開始發表推理小說，主要作品有《霧和影》、《海牙》、《飢餓海峽》等，大多描寫在社會逼迫下走上犯罪道路的人，反映出他們的心理狀態。1961 年以短篇小說《雁寺》獲頒直木獎，故事揭露僧人的糜爛生活。《五番町夕霧樓》、《越前竹偶》等，對下層社會的婦女尤寄予同情。

1970 年代發表的作品，有紀念老師的《宇野浩二傳》、傳記文學《一休》、長篇傳記小說《古河力作的生涯》等。他的一些作品，被拍成電影。曾多次訪華，擔任日中文化交流協會代表理事、最高顧問。

■星新一：「微型小說之神」

星新一（1926-1997），科幻小說家。生於東京市本鄉區。本名星親一。文學家森鷗外是他的外舅公（外祖母的兄長）。東京大學農學部農業化學科畢業，並在研究所進修，因接管父親的製藥公司而退學，並將該公司轉手。出於對嚴酷現實的厭惡，他開始對空想事物如飛碟之類產生了興趣。

1957 年，星新一在飛碟研究會認識 SF 作家、翻譯家柴野拓美（1926-2010），共同創辦科幻雜誌《宇宙塵》，次年參加青年推理小說社團「他殺俱樂部」。1960 年代，於《希區柯克雜誌》、《文春漫畫讀本》發表作品，逐漸在日本科幻界奠定了地位，1980 年曾任日本推理作家協會獎評審。

星新一總共創作了一千多篇微型小說，被稱為「微型小說之神」，其作品兼備文學價值與哲理意義。他與小松左京、筒井康隆並稱「科幻小說御三家」。

■三好徹：社會派推理小說家

三好徹（1931-2021），記者、作家、推理小說家。生於東京。本名河上雄三。橫濱高等商業學校畢業，入讀賣新聞社任記者，開始創作廣播劇，著有《海的沉默》等。1966 年，以小說《風塵地帶》獲頒日本推理作家獎。次年發表《聖少女》，獲頒直木獎。

三好徹曾任日本筆會理事、推理小說作家協會理事長，著有《閃光的遺產》、《異國天空下》、《十九歲的天使》、《興亡與夢》、《追跡》等。他也撰寫歷史題材小說和政治人物傳記，還被視為國際間諜小說的先驅作者。

此外，三好徹對圍棋有興趣，曾以「石心子」筆名寫觀戰記，及創作了以職業棋士為主人翁的非虛構小說《五人棋士》。

■渡邊淳一：從醫生角度創作小說

渡邊淳一（1933-2014），作家。生於北海道。札幌醫科大學畢業，曾任骨科醫生。後來開始從事文學創作，以小說《光和影》獲頒直木獎；接着又發表《遙遠的落日》等，1980年獲頒吉川英治獎。總共發表了一百三十多部作品，代表作是《失樂園》、《鈍感力》等。至於他的《優雅老去》，倡導不自卑、不自負，也不羞怯，老年人如何過高質素的生活。

渡邊淳一的長篇小說《葬花》（1970年），寫日本第一位女醫生荻野吟子（1851-1913）充滿苦難的一生。《無影燈》（1972）則描寫醫學界勾心鬥角的現象，此外，還有《冰紋》、《北都物語》、《長崎俄國娼妓館》等，內容多從醫生角度觀察人的生與死。後期的作品，浪漫主義色彩較濃。

■夏樹靜子：刻畫女性心理的推理作家

夏樹靜子（1938-2016），推理小說家。生於東京都。本名出光靜子。慶應義塾大學英文系畢業。1973年，她以《蒸發》獲頒日本推理作家協會獎。1982年的《W的悲劇》，曾被改編為電視劇及電影。2007年獲頒日本推理文學大獎。

夏樹靜子的作品，有「律師朝吹里矢子系列」、「檢察官霞夕子系列」及長篇著作多種，包括《遙遠的約束》、《茉莉子》、《掌心的筆記》等，另有短篇小說集《玻璃的羈絆》、《影鎖》、《沒搭上車的女人》等。善用懸念，注重對女性心理的描寫。

3.7 大岡信：戰後派的代表性詩人

1. 詩歌評介專欄作家

大岡信（1931-2017），詩人、文藝評論家。生於靜岡縣三島市。父親是歌人大岡博（1907-1981），有《大岡博全歌集》。大岡信畢業於東京大學文學部國文科，曾任讀賣新聞社外報部記者。1955 年發表《現代詩評論》，次年出版詩集《記憶與現在》。自此以詩人和評論家的身份，引起詩歌界的注意。代表作有《我的詩與真實》、《現在詩人論》等。

大岡信以明快清新、自由舒暢的詩風，與戰前日本陰暗晦氣的近代詩大異其趣，有詩集《宴席和孤獨的心》，及評傳《紀貫之》、《岡倉天心》等。1979 年開始，他在《朝日新聞》撰寫詩歌評介專欄，長達二十九年。曾任明治大學教授，榮獲獎項計有藤村紀念歷程獎、讀賣文學獎、菊池寬獎、現代詩花椿獎、藝術選獎、藝術文化勳章、日本藝術院獎·恩賜獎、朝日獎、文化勳章等 。

2. 不是課本的《國語課本》

1979 年，安野光雅、谷川俊太郎、大岡信、松居直為日本小學生合編了一本《國語讀本》，廣受歡迎，十分暢銷。其實這只是課本形式的課外讀物，卻對兒童的語言教育產生了積極作用。

安野光雅（1923-2020）是書籍裝禎師、插畫設計師、繪本作家。谷川俊太郎是新詩詩人，童詩和繪本翻譯者；松居直被稱為「日本繪本之父」，後來成為福間書店的社長。四位各有事業和名望的人，合力做一件「小兒科」工作，是很有意義的事。

【人物群像】

■遠藤周作：天主教文學作家

遠藤周作（1923-1996），小說家、文藝評論家。生於東京。童年隨家人到中國大連居住，1933 年跟母親回日本。信奉天主教，入讀慶應義塾大學。1947 年發表評論《諸神與上帝》、《天主教信家問題》。1949 年大學畢業後，翌年到法國里昂大學，專攻法國現代天主教文學。

1953 年回國後，遠藤周作曾在上智大學任教。其後與人倡導「抽象論批評」，強調文學作品的語言及其內在結構獨立的審美價值。1955 年發表的短篇小說《白種人》，獲頒芥川獎；1957 年因發表長篇小說《海與毒藥》，成為天主教文學的代表作家。

遠藤周作的長篇小說《沉默》（1966），是他的代表作，以德川幕府用暴力手段逼使天主教徒放棄信仰的事件為題材，探索天主教能否在日本的固有精神中紮根。其他作品，還有劇本《湄南河的日本人》、傳記《耶穌的一生》等。

■埴谷雄高：影繪時代的世界

埴谷雄高（1910-1997），小說家、文藝評論家。原名般若豐，生於臺灣新竹。1928 年入日本大學預科，1930 年退學，次年參加日本共產黨，其後被捕，1933 年出獄。1946 年參與創辦《近代文學》，在 1950 年和 1960 年代，相繼出版了評論集《濠渠和風車》、《鞭子和陀螺》、《幻覺中的政治》、《陷井和馬刺》。1970 年代，出版了短篇小說集《黑暗裏的一匹黑馬》、《影繪的時代》和自傳《影繪的世界》。他的評論還包括政治和思想，有《埴谷雄高全集》。

■中村真一郎：從事古典文學研究

中村真一郎（1918-1997）小說家、詩人、評論家。

生於東京。1941 年畢業於東京帝國大學法文科。戰後，於 1946 年發表長篇小說《在死的陰影下》；翌年，與加藤周一、福永武彥（1918-1979）合著評論集《1946 年文學的考察》。

其後，中村真一郎在慶應大學預科、東京大學和明治大學執教，至 1954 年辭去教職，專事創作。作品多採用意識流手法，表現生與死、存在與喪失、愛與孤獨等主題。在 1950 年代初，寫有《愛神與死神》、《漫長旅行的終結》等小說。1960 年代初的小說《戀泉》、《空中庭院》等，重視情節與抒情的統一。1964 年遊歷歐洲後，從事古典文學研究，《賴山陽及其時代》（1971）獲頒藝術選獎文部大臣獎。

中村真一郎的作品，還有評論集《王朝文學的世界》及長篇小說《四季》、《夏》等。匯編為《中村真一郎長篇全集》、《中村真一郎短篇全集》、《中村真一郎劇詩集成》、《中村真一郎評論全集》及《中村真一郎評論集成》。

■小田切秀雄：研究日本近代文學

小田切秀雄（1916-2000），文學評論家。生於東京。法政大學文科畢業，後任該校教授。戰時曾出版《萬葉的傳統》，對抗軍國主義文學潮流。

戰後初期，小田切秀雄與文學評論家本多秋五（1908-2001）等人共同創辦《近代文學》雜誌；及擔任新日本文學會中央委員，1947 年主編《新日本文學》。著作有《關於人間信仰》、《日本近代文學史講座》、《近代日本作家論》、《漱石研究年表》、《民主主義文學論》、《近代社會主義文學集》、《啄木評論》、《近代日本文學思想與現狀》等，編為《小田切秀雄著作集》七卷。

小田切秀雄之弟小田切進（1924-1992）是近代文學研究者，畢業於早稻田大學，1955 至 1990 年在立教大學任教。著有多部關於日本近代文學的專書，包括《昭和文學之成立》、《日本近代文學之展開》、《近代日本之日記》及其續編。1960 年代初曾發起籌建日本近代文學館，1971 年任館長。

3.8 加藤周一：藝術與社會評論

1. 從醫學到文學

加藤周一（1919-2008），醫學博士、評論家、小說家。生於東京都。1943 年從東京帝國大學醫學部畢業後，曾當醫生，專攻血液學，1946 年與美國軍醫共同組成原子彈爆炸影響聯合調查團，前赴廣島。1951 至 1955 年，以醫學研究生身份赴法國留學。

加藤周一同時對文學亦有濃厚興趣，戰後初期，與中村真一郎、福永武彥合著《1946 年文學的考察》（1947），提出戰後文學的見解。1950 年，出版長篇小說《晴朗的一天》和論著《文學是甚麼》。

2. 日本文化的「雜種特性」

留學法國期間，加藤周一遍訪西歐諸國，從事東西文化交流的考察，1956 年出版《雜種文化：日本的小小希望》，提出日本近現代文化是「雜種文化」的論點，認為這是日本與西歐文化結合所造成的。

1960 年，加藤周一任東京大學文學部講師；同年，赴加拿大講學。1970 年，被聘為德國柏林自由大學教授。次年到中國訪問，回國後發表《中國往還》。1977 年就中國問題與桑原武夫展開討論，次年寫成《與中國相處的方法》。除《雜種文化》外，《日本文學史序說》也是他的代表作；主要著作，還有長篇小說《命運》、《神幸祭》等。《羊之歌：我們回想》（1968）是加藤周一的自傳。

【人物群像】

■戶川幸夫：報社記者和編輯

戶川幸夫（1912-2004），兒童文學作家。佐賀縣人。舊制山形高等學校肄業，後入東京《日日新聞》社當記者。戰時曾作為隨軍記者，到過中國、沖繩等地。

戰後，戶川幸夫任《日日新聞》社會部部長、《每日畫報》副總編輯。他發表的小說《高安犬故事》獲直木獎，從此開始寫小說。主要作品有《熊犬的故事》、《爪王》、《牙王的故事》、《日本動物志》、《各國獵人潭》，收入《戶川幸夫動物文學全集》十卷。他的一些著作有中譯本。

■小島信夫：文學與作家評論

小島信夫（1915-2006），小說家、評論家。生於岐阜縣稻葉郡（現岐阜市）。東京帝國大學文學部英文科畢業，其作品《美國學校》於 1954 年獲芥川獎。此外，有《女流》、《抱擁家族》、《寓話》、《各務原．名古屋．國立》等。他亦有創作劇本和從事翻譯。

小島信夫的論文，包括《實感．女性論》、《變幻自在的人間》、《我的作家評傳》、《小島信夫文學論集》等。榮獲獎項計有勳三等瑞寶章、文化功勞者、讀賣文學獎、旭日重光章等。

■尾崎秀樹：大眾文學論

尾崎秀樹（1928-1999），文學評論家。生於臺北。1946 年從台北帝國大學附屬醫學專門部退學，返回日本。做過記者、店員。早年著有《活着的猶大》、《佐邇格事件》等，揭露法西斯分子謀害革命者的罪行。1965 年出版評論集《大眾文學論》，認為大眾文學和 1930 年代的無產階級文學運動，在不同方面促進了文學藝術的普及。

尾崎秀樹的父親尾崎秀真（1874-1949），是戰前曾活躍於台灣的文人、新聞記者。尾崎秀樹的異母兄尾崎秀實（1901-1944），是《朝日新聞》記者，因左傾而被判處死刑。戰後初期，尾崎秀樹曾為其兄的死進行調查。至於尾崎秀樹的著作，還有評論集《大眾文學》、《大眾文學五十年》、《舊殖民地文學研究》和傳記《子母澤寬》等。

■上阪冬子：評論婦女問題

上阪冬子（1930-2009），評論家。東京都人。豐田東高等學校畢業，曾在豐田汽車公司工作。1959 年發表《車間裏的群像》，獲頒中央公論社思想之科學新人獎。

上阪冬子致力於婦女問題的評論，擔任日本婦女問題企劃推進委員會、思想科學研究會、日本文藝協會成員。其後亦有評論涉及昭和史。

■立花隆：被譽為「知識的巨人」

立花隆（1940-2021），作家、評論家。本名橘隆志。生於長崎市。1942 年隨家人到中國北平，戰後搬到茨城父母親的故居。1959 年入東京大學文學部，1964 年畢業後加入《文藝春秋》。作為新聞記者，他的寫作題材非常廣泛。1974 年發表《田中角榮的研究：他的財務與人際關係》，導致時任首相的田中角榮倒台。其後，立花隆與日本共產黨展開了一場論爭。

1980 年代初，立花隆與諾貝爾生理醫學獎得主利根川進共同發表〈精神與物質〉一文。1983 年獲頒菊池寬獎。1995 年，立花隆成為東京大學先進科學技術研究中心客座教授；1996 至 1998 年間，他在該校文學院舉辦立花研討會。1998 年獲頒司馬遼太郎獎。2014 年，以《讀腦》一書獲頒第六十八屆每日出版文化獎。2016 年，以《竹光徹：音樂創作之旅》獲頒吉田秀和獎。

3.9 丸山昇：中國文學研究者

1. 研究魯迅與中國現代文學

丸山昇（1931-2006），中國文學研究者。生於東京。曾在第一高等學校學習中文。1949 年入東京大學教養部文科，後來升讀大學院，1956 年畢業後，任國學院大學講師、和光大學副教授、東京大學副教授及教授、櫻美林大學教授。

丸山昇的著作，包括《魯迅及其文學革命》、《一個中國特派員：山上正義與魯迅》及《現代中國文學的理論與思想》，都圍繞着魯迅與中國現代文學。又曾參與日文版《魯迅全集》的編輯和翻譯工作，有《魯迅全集注釋索引》（1971）。其他著作，包括《上海物語》、《丸山昇遺文集》等。中譯本有王俊文譯《魯迅・革命・歷史》（北京：北京大學出版社，2005）。

2. 從事翻譯和編纂辭典

丸山昇早期譯有中國作家高雲覽的《小城春秋》，1964 年由新日本出版社印行；與新島淳良合譯愛新覺羅·溥儀《我的前半生：滿洲皇帝的自傳》，1965 年大安出版社出版。其後又與小野忍合譯《郭沫若自傳》六卷，1967 至 1973 年出版。

另外有兩項工作：其一，是與伊藤虎丸、新村徹合編《中國現代文學辭典》，1985 年東京堂出版。伊藤虎丸（1927-2003）也是魯迅研究專家，著有《魯迅與終末論》、《魯迅與日本人》等。新村徹（1936-1984）是中國文學研究者，著有《魯迅的心》。其二，是監修《中國現代文學珠玉選》三卷，各卷分別由芦田肇、佐治俊彥、白水紀子主編，2000 至 2001 年由二玄社出版。

【人物群像】

■針生一郎：反權威的評論家

針生一郎（1925-2010），藝術、文學評論家。生於宮城縣仙台市。東北大學國文科畢業，後入該校大學院攻讀美學。在校期間，加入野間宏等人組織的夜之會，受文藝評論家花田清輝（1909-1974）的影響，從事藝術評論，出版《現實主義藝術的基礎》等著作。

1959年，針生一郎在《新日本文學》雜誌撰文，反對在藝術活動中把政治放在首位，主張藝術的革命與革命的藝術二者應當統一起來。1960年代從事繪畫等藝術批評，1970年代曾任《新日本文學》主編。他在反權威的美術評論和文藝評論方面，有很活躍的表現。歷任多摩美術大學、和光大學、岡山縣立大學大學院教授，美術評論家聯盟會長、原爆之圖丸木美術館館長等職。

■秋山虔：研究「王朝女流文學」

秋山虔（1925-2015），文學家、日本國文學者。生於岡山縣。東京大學文學部文科畢業。其評論集《源氏物語的世界：其方法與達成》（1964），闡述女性文學形成與《源氏物語》中的人物塑造等，其他著作還有《王朝女流文學的形成》、《王朝女流文學的世界》及《王朝的文學空間》等。

秋山虔歷任東京大學、東京女子大學、駒澤女子大學教授，紫式部學會會長。入選文化功勞者，獲頒勳二等瑞寶章。校訂及語譯多種古典文學作品。

■唐納・金：美國的日本文學研究家

唐納・金（Donald Keene, 1922-2019），或譯唐納・基恩，日本籍美國裔的日本學學者、作家、翻譯者。生於紐約。哥倫比亞大學文學院畢業，後獲頒碩士、博士學位。曾在哈佛大學、劍橋大學進修，及留學京都大學。在哥倫比亞大學任教超過五十年，退休後遷居日本並入日本國籍。2008 年獲頒文化勳章，2014 年成為京都名譽大使，2017 年擔任原田市博物館館長，逝世後追贈從三位。

唐納·金以英文撰著多種關於日本文學和文化的書籍，很多都有日譯本，包括《日本人的西洋發現》、《文樂》、《日本文學史：近世篇》、《日本文學散步》、《日本細見》、《能·文樂·歌舞伎》、《明治天皇》、《足利義政與銀閣寺》、《渡邊華山》、《正岡子規》。另有多種日文著作，例如《日本之文學》、《日本之作家》、《與大岡昇平對談》、《與司馬遼太郎對談》、《我的日本文學逍遙》等。

第四章

社科、歷史與思想

日本國家的起源，「騎馬民族說」是較為重要的一種見解，但至今未成定論，仍有待學界探討。日本古代史、中世史和近世史，名家輩出；近現代史尤其是明治維新史及昭和史，著述甚多。日本史學界通常分為日本史（國史）、東洋史（中國及亞洲各國）、西洋史（歐美各國）三大領域，明治時期以來，中國史及中日關係向受重視，平成時期則西洋史著述漸多。

日本人對歷史知識甚為注意，興趣頗大，從坊間大量出版歷史書刊的現象，已可見一斑。日本史固然不在話下，研究中國史的專著亦很可觀，可惜在平成時期較前遜色，從中可見中日關係的一些變化。集合眾多學者力量編成的系列叢書和各種工具書，則仍是其特色。

哲學方面，日本學界逐漸走出西方哲學的規範，對東方文化較為重視，出現了更具日本色彩的文化理論和哲學著作。對宗教思想的探討，尤其是禪宗、神道，以及佛學和佛教史研究，都不乏獨當一面的名家。

總的來說，日本學界在人文學科各個範疇，承接明治以來奠下的根基，深化和普及互見；人文與社科的結合，在戰後有進一步的開展。日本人注重文字閱讀，不過近年來受到動漫文化的衝擊，圖像化、「無字化」趨於普遍，對人文學科的發展未嘗沒有影響。較為令人樂觀的是，紙本印刷的書刊仍受大眾歡迎，報紙銷路沒有因網絡資訊流行而下降，這在全球算是罕見的例子。城市裏的大小車站附近，不難找到書店、舊書店舖和報紙攤檔。

4.1 江上波夫：提出「騎馬民族說」

1. 著名考古學家

江上波夫（1906-2005），文學博士。山口縣人，生於京都。1930 年東京帝國大學東洋史學科畢業，留學中國。回國後曾任東方文化學院研究員、東京帝國大學講師、文部省人文科學委員會委員。1948 年任東京大學教授，發表「騎馬民族說」，認為日本出現統一國家與創建大和朝廷，是因為東北亞扶餘系統的騎馬民族辰王朝，在四世紀末到五世紀前半完成的。

1962 年，江上波夫任東洋文化研究所所長。1968 年起，任札幌大學、上智大學教授及東京大學名譽教授。著有《騎馬民族國家》、《騎馬民族說：對論》、《東西交涉史話》、《歷史．人間．旅》、《蒙古高原紀行》等。2003 年，江上波夫捐贈考古、文物資料二萬餘件給橫濱市，開設橫濱歐亞文化館。

2. 日本國家的起源

江上波夫提出的「騎馬民族說」，認為五胡（鮮卑、匈奴、羯、羌、氐）入侵華北之際，騎馬民族高句麗在朝鮮半島擴大其勢力範圍，與高句麗同屬騎馬民族的通古斯系北方騎馬民族，其中一支從朝鮮半島南下，於四世紀末至五世紀初，進入大和地區，建立以天皇為中心的強大王朝。

這是日本國家起源的重要說法之一，不過日本學術界對此有所爭論。考古學界發現的人類化石，說明很久以前就有人類在日本列島居住。至於現代日本人的來源，一般推斷，早期人類分別從亞洲南北兩路進入日本，在列島經過長時期混血，從而形成具有共通語言及風俗的日本民族。人類究竟由甚麼路線進入日本，學術界至今未有定論。

【人物群像】

■增井經夫：中國古代史研究家

增井経夫（1907-1995），歷史學家。1930 年畢業於東京帝國大學東洋史學科，1936 年任日本大學教授，1938 年任東京外國語大學、明治學院大學教授，1942 年任武藏野大學教授。

戰後，增井 夫於 1952 年任金澤大學教授；1959 至 1964 年，兼任圖書館館長。1969 至 1972 年，任文學法學部部長；1972 年退職，獲名譽教授稱號。其後任學習院大學教授。早年有《鴉片戰爭與太平天國》(1956) 等著作，1960 年代著《〈史通〉：唐代的歷史觀》、《亞洲的歷史與歷史家》，1970 年代，出版了《中國的歷史與民眾》、《中國的史書》、《清帝國》、《中華帝國》等 。

■石原道博：研究古代中日關係

石原道博（1910-2010），歷史學家。1935 年畢業於東京帝國大學東洋史學科。歷任東京文理科大學助教、東京高等師範學校副教授。二次世界大戰時應徵加入軍隊，1945 年被俘，關押於西伯利亞，1948 年遣返日本。1949 年任茨城大學教授。1958 年以《日明交流史的新研究》獲頒文學博士學位。退職後獲名譽教授稱號，曾擔任地域綜合研究所所長，東方學會會員。

石原道博的主要著作有《東亞史雜考》、《明末清初日本乞師的研究》、《倭寇》等。與和田清譯註《魏志倭人傳 · 後漢書倭傳 · 宋書倭國傳 · 隋書倭國傳》、《舊唐書日本傳．宋史日本傳．元史日本傳》及《譯註中國正史日本傳》。

■西嶋定生：研究中國古代社會經濟

西嶋定生（1919-1998），歷史學家。1942 年畢業於東京帝國大學東洋史學科，次年任東方文化學院研究員，在東洋史家和田清（1890-1963）指導下，研究中國古代農書。1948 年起，任東京大學文學部講師、副教授、教授，主要從事中國社會經濟史和中國古代政治史研究。1961 年，以《二十等爵制的研究》獲文學博士學位。1969 年起，編《白鳥庫吉全集》。

西嶋定生的著作，包括《中國史的分期》、《中國古代帝國的形成與構造》、《中國經濟史研究》、《秦漢帝國》等。

■布目潮渢：中國古代史研究家

布目潮渢（1919-2001），歷史學者。東京帝國大學東洋史學科畢業，歷任東洋文庫庫員、東方文化研究所助教、京都府立高等學校教諭，1950 年代任京都府立大學副教授及立命館大學副教授、教授。1967 年任大阪大學基礎學部教授。

布目潮渢的著作集中在隋唐史，包括《隋唐史研究：唐朝政權的形成》、《鮮花開放的長安》、《唐才子傳的研究》、《隋唐帝國》、《六朝與隋唐帝國》、《隋煬帝與唐太宗》，還有《東亞史入門》等。他對茶也有研究，著《陸羽的茶經》及《中國喫茶文化史》。

■白鳥芳郎：著名民俗學者

白鳥芳郎（1918-1998），東洋史學者、民俗學者。生於東京。東洋史學創始者白鳥庫吉之孫。東京帝國大學文學部東洋史學科畢業。歷任上智大學副教授、教授、名譽教授，雲南大學名譽教授。

白鳥芳郎致力研究東南亞山岳民族，進行了實地調查，著《東南亞山地民族誌》，另有研究中國地方文化的專書，包括《古代中國的地方文化：華南．華東》、《華南文化史研究》等。曾任民族學振興會理事長。獲頒紫綬褒章、勳三等瑞寶章。

4.2 竹內理三：日本古代史權威

1. 編纂史料和百科辭典

竹內理三（1907-1997），歷史學家、文學博士。1930 年東京帝國大學日本史學科畢業，入東大史料編纂所從事日本史編纂工作。曾任學士院囑託，進行帝室制度史調查。先後擔任明治大學、東京大學等校講師，1948 年任九州大學文學部教授，兼熊本大學、山口大學等校講師。1956 年獲頒日本文化獎，1958 年獲頒朝日文化獎。

1959年，竹內理三任東京大學史料編纂所教授，後於1965年任所長。其間，1961年以《貴族政權的建立》獲頒文學博士學位。1966年從東大退職後，任早稻田大學文學部教授。1969年以其古代史研究成績卓著，獲頒紫綬褒章。主編《日本古代人名辭典》四卷本（1958-1963），曾參與大型百科辭書的編寫工作，包括平凡社《世界大百科事典》三十三卷（1955-1958；1970-1973修訂）及小學館《萬有百科大事典》二十四卷本（1973）。

2. 日本古代史研究專著

竹內理三在日本古代史研究方面有很深的造詣，戰前主要研究日本古代寺院經濟，著有《日本古代寺院經濟的研究》、《中世寺院與中國貿易》及《寺院莊園的研究》。戰後研究平安時代莊園，著《律令制與貴族政權》。他在上述兩方面都做出了成績。此外，還編有關於莊園等問題的史料集。

竹內理三主編的《日本史小辭典》和《日本近現代史小辭典》，由沈仁安、馬斌等節譯成中文，題為《日本歷史辭典》，1988年由天津人民出版社出版，總共收錄學習日本歷史需要掌握的基本事項一千三百餘條。竹內理三改變了一般辭典按日文字典排列的方法，依照時代次序和重要問題編述，可以視為較系統的歷史著作。於政治、經濟、事件、人物之外，還包括思想、文學、藝術、風俗等。

【人物群像】

■永原慶二：日本中世紀史研究者

永原慶二（1922-2004），歷史學家、經濟學者。生於中國大連市。1944 年東京帝國大學文學部史學科畢業，一橋大學經濟學博士。歷任一橋大學、和光大學教授，及日本福祉大學名譽教授。其妻永原和子為女性史研究者，著有《近現代女性史論：家族・戰爭・和平》、《日本女性史》等多種。

永原慶二曾任東京大學史料編纂所人員，從事《大日本史料》第三編的編纂工作。他對教科書檢定採取反對立場，支持家永三郎的教科書訴訟。著作甚豐，有《新日本史講座：封建時代前期的民眾生活》、《日本封建社會論》、《源賴朝》、《日本封建制成立過程之研究》、《日本之歷史（10）：下剋上之時代》、《日本之中世社會》、《日本經濟史》、《講座・日本技術之社會史》、《中世・近世的國家與社會》、《中世之發現》等，及《永原慶二著作選集》。

■兒玉幸多：日本近世農村及交通史泰斗

兒玉幸多（1909-2007），歷史學家。1932 年東京帝國大學畢業，文學博士。學習院大學名譽教授、學長。1980 年退職後，任品川區立品川歷史館名譽館長。

兒玉幸多在日本近世農村及交通史研究方面，著述甚多，計有《近世農民生活史》、《近世農村社會之研究》、《近世宿驛制度之研究：以中山道追分宿為中心》、《宿驛》、《日本史》、《日本之歷史（16）：元祿時代》、《宿場與街道：五街道入門》、《近世交通史之研究》等。

■岡田英弘：從中國史到世界史的誕生

岡田英弘（1931-2017），歷史學家。主要研究滿蒙歷史，尤其注重對遊牧民族建立政權的分析和思考，著作包括《世界史的誕生》、《歷史是甚麼》、《從蒙古到大清》等。東京大學文學部東洋史專業 1953 年畢業，同年擔任該校學習院東洋文化研究所助教。1955 年轉到國際基督教大學任助教，1957 年因研究《滿文老檔》獲頒日本學士院獎。1959 年赴美國波士頓大學遠東蘇聯研究所留學，1963 年赴德國波恩大學任客座研究員。

1966 年，岡田英弘任東京外國語學院亞非語言文化研究所助教，兼任東洋文庫研究員。1968 年任波士頓大學語言文學系客座副教授，1973 年任東京外國語大學亞非研究所教授。1980 至 1987 年間，曾兩次訪問中國。經歷了四十年的科研生涯，於 1993 年退休。著作還有《日本史的誕生：東亞視野下的日本建國史》、《中國文明之歷史：非漢中心史觀的建構》等，連同《世界史的誕生：蒙古帝國與東西洋史觀的終結》被視為「顛覆史觀三部曲」。

■脇田晴子：日本史學

脇田晴子（1934-2016），歷史學家。1956 年神戶大學文學部史學科畢業，1967 年任京都橘女子大學文學部副教授，1981 年升教授，歷任鳴門教育大學、大阪外國語大學、滋賀縣立大學等校教授。2007 年任石川縣立歷史博物館館長。專攻中世史，從商工業論、都市論到時女性史、藝能史。

脇田晴子的著作，計有《日本中世商業發達史之研究》、《日本中世都市論》、《室町時代》、《大系日本之歷史（7）：戰國大名》、《日本中世女性史之研究》、《女性藝能之源流》、《日本中世被差別民之研究》、《天皇與中世文化》等。2005 年獲頒文化功勞者名銜，2010 年獲頒文化勳章。

4.3 井上清：批判日本軍國主義

1. 生平事蹟和重要著作

井上清（1913-2001），著名歷史學家。高知縣人。1936 年畢業於東京帝國大學文學部日本史學科，曾任文部省維新史料編輯局顧問、帝國學士院帝室制度史編輯顧問，致力研究日本近代史。1954 年任京都大學人文科學研究所副教授，1961 年升教授。1954 至 1964 年間，任部落問題研究所評議員，積極支持日本部落解放運動。

井上清於戰後加入歷史學研究會，開始發表分析天皇制和明治維新史的著作。他運用馬克思主義觀點，對日本軍國主義天皇制加以批判。主要著作有《天皇制》、《日本的軍國主義》、《日本之歷史》、《日本近代史》、《日本現代史》（第一卷）、《日本婦女史》、《部落問題的研究》等，並有持論較為公正的《關於釣魚島等島嶼的歷史和歸屬問題》。

2. 多次到中國訪問和講學

井上清長期參加中日友好運動，曾多次到中國訪問，出席北京學術研討會及講學，對近代日本的侵華政策和舉動持批判立場。1987 年為紀念蘆溝橋事變五十週年，曾著文譴責日本侵華。

井上清的著作，有幾種譯成中文出版：(一) 閻伯緯譯《日本歷史：「國史」批判》（1957）；(二) 呂明譯《日本現代史．第一卷：明治維新》（1956）；(三) 周錫卿譯《日本婦女史》（1958）。此外，還有井上清、北原泰作、藤谷俊雄著，呂永清譯《日本部落解放運動史》（1965）。井上清的代表作《日本歷史》，由閻伯緯譯成中文，陝西人民出版社 2010 年出版。

【人物群像】

■遠山茂樹：引發「昭和史論爭」

遠山茂樹（1914-2011），歷史學家，東亞近現代史研究者。東京人。1938 年畢業於東京帝國大學日本史學科，1956 年任橫濱市立大學文理學部教授。1959 至 1962 年，參加平凡社《亞洲歷史事典》十卷本的編寫工作。

遠山茂樹專攻明治維新史、自由民權運動史，並長期致力於昭和史研究。主要著作有《日清戰役的外交史研究》、《太平洋戰爭》五卷、《歷史形象再組成的任務：歷史學的方法與亞洲》等。遠山茂樹、今井清一、藤原彰著，鄒有恒等譯《日本近現代史》三卷，1983 年由北京商務印書館出版。

1955 年 11 月，遠山茂樹、今井清一、藤原彰合著《昭和史》出版，以揭露天皇制和侵略戰爭為主要內容，引起學界注意。次年 3 月，文學評論家龜井騰一郎在《文藝春秋》發表〈對現代歷史學家的疑問〉，指責其沒有人物和缺乏對戰爭的共同感覺，由此引發一場大論戰，參與者包括文學家、政治學家、非馬克思主義歷史學家、馬克思主義歷史學家，內容涉及多方面的課題。

1959 年，《昭和史》全面修改重版，論戰至此才基本上告一段落。「昭和史論爭」是戰後初期日本史學界的大事，對昭和前期歷史的研究方向有深遠影響。

■藤原彰：日本現代史學家

藤原彰（1922-2003），歷史學家。生於東京。陸軍士官學校畢業，擔任駐中國華北地區第二十七師團基層軍官。1949 年東京大學文學部史學科畢業，1954 至 1968 年是千葉大學文理學部的非常勤講師。1967 年任一橋大學社會學部副教授，1969 年升教授，翌年任部長，至 1986 年退職。其後為立教大學文學部大學院非常勤講師、女子榮養大學教授。

藤原彰的著作計有《日本帝國主義》、《天皇制與軍隊》、《戰後史與日本軍國主義》、《太平洋戰爭史論》、《南京大虐殺》、《日本軍事史》、《世界之中的日本》、《昭和天皇的 15 年戰爭》、《南京的日本軍：南京大虐殺及其背景》、《中國戰線從軍記》等。

■今井清一：以日本近現代政治史著稱

今井清一（1924-2020），歷史學家、政治學者。生於群馬縣前橋市。1945 年東京大學法學部政治學科畢業，其後入大學院師從丸山真男。1952 年開始，執教於橫濱市立大學，1955 年任副教授，1960 年升教授。1991 年，任湘南國際女子短期大學教授。

今井清一擅長日本近現代政治史，亦研究橫濱本地史。1956 年作為《昭和史》的著者之一，與文藝評論家龜井勝一郎（1907-1966）等展開「昭和史論爭」。他的代表作是《日本近代史》第二卷，敘述了日俄戰爭到九一八事變前夜的歷史。其他著作有《日本近代史的虛像與實像》四卷、《濱口雄幸傳》等。2010 年獲頒第十六屆橫濱文學獎，2013 年獲頒神奈川文化獎。

■大江志乃夫：專攻日本近現代史

大江志乃夫（1928-2009），歷史學家。生於大分縣大分市。1953 年畢業於名古屋大學經濟學部，次年任廣島大學政經學部助教，1957 年升講師；1960 年任東京教育大學文學部副教授，致力研究明治維新史。1975 年，以論文〈國民教育與軍隊：日本軍國主義教育政策的成立和展開〉獲頒文學博士學位。

東京教育大學停辦之際，大江志乃夫拒絕轉移到新設立的筑波大學，1976 年改任茨城大學人文學部教授，至 1993 年退職，獲頒名譽教授稱號。主要著作有《明治國家之成立：天皇制成立史研究》、《近代日本與亞洲》、《日本的產業革命》、《非戰之思想史》、《日俄戰爭之軍事史的研究》、《徵兵制》、《昭和之歷史（3）：天皇之軍隊》、《靖國神社》、《日俄戰爭與日本軍隊》、《作為東亞史的日清戰爭》、《德川慶喜評傳》等。

4.4 佐伯有一：中國近代史學者

1. 東大東洋文化研究所所長

佐伯有一（1923-1998），歷史學家。生於兵庫縣。1943 年進入東京帝國大學東洋史學科僅兩個月，即被徵入伍；1947 年繼續在東京大學學習，至 1950 年畢業。升大學院，至 1954 年修業期滿，任東洋文化研究所助教，1957 年轉到東京都立大學人文學部史學科任副教授。1963 年任東京大學東洋文化研究所副教授，1968 年升教授。1972 至 1976 年任所長。

佐伯有一致力於中日文化交流，1977 年發起成立日中學術交流懇談會，同年參加日本大學教員友好團訪華，1978 年任日中學術交流懇談會第二次訪華團團長，再次訪問中國。著《中國歷史（8）：近代中國》（1974），編《仁井田陞博士輯北京工商行會》（1975）。

2. 合編中國經濟關係目錄

佐伯有一專門研究明代以降東洋經濟史及中國近現代史。1983 年從東京大學退職，獲頒名譽教授稱號，任御茶之水女子大學教授，1988 年任川村學園女子大學教授。

佐伯有一與弟子濱下武志、久保亨、上野章合編《中國經濟關係雜誌記事總目錄》（1983）。濱下武志出身於東京大學，1982 年任東洋文化研究所副教授，1988 年升教授，1996 年任所長。其後在新加坡國立大學、京都大學、龍谷大學、中山大學、華中師範大學等校任教及從事研究。

濱下武志著有《中國近代經濟史研究：清末海關財政與開港場市場圈》、《近代中國之國際的契機：朝貢貿易體制與近代亞洲》、《沖繩入門：聯繫亞洲的海域構想》等，其《香港大視野：亞洲網絡中心》中譯本，1997 年由香港商務印書館出版。久保亨為信州大學人文學部教授、歷史學研究會委員長，著有《戰時中國的綿業與企業經營》等。

【人物群像】

■周藤吉之：宋代史專家

周藤吉之（1907-1990），中國史學者。東京帝國大學畢業。1954 年出版《中國土地制度史研究》，1956 年獲日本學士院獎。次年起擔任東大文學部東洋史學科教授，至1967年退休，獲頒名譽教授銜。

周藤吉之的著作有《宋代經濟史研究》、《唐宋社會經濟史研究》、《宋代史研究》、《清代東亞史研究》、《中國之歷史（5）五代與宋之興亡》、《宋・高麗制度史研究》等。

■山根幸夫：明代史專家

山根幸夫（1921-2005），歷史學家。出身於兵庫縣。1947年畢業於東京大學文學部東洋史學科，任東洋大學文學部助教。1950年參加東洋文庫研究部，1954年轉任東京都立大學人文學部副教授，兼靜岡大學教育學部講師，並從事中國中世租稅史及農村統治權諸問題的研究。1970年任東京女子大學文學部教授。

山根幸夫編著了多種明史研究書籍，計有《明史食貨志譯註》、《明代史研究文獻目錄》、《日本現存明代地方志傳記索引稿》及《日本現存明人文集目錄》。著有《明帝國與日本》、《明清史籍之研究》、《明清華北定期市之研究》、《近代中國的地方社會》、《近代中國與日本》等。

■市古宙三：中國近代史研究家

市古宙三（1913-2014），歷史學家。山梨縣人。1937年畢業於東京帝國大學東洋史學科，次年參加平凡社刊《東洋歷史大辭典》九卷本的編寫。先後在中央大學、立教大學、國學院大學、大東大學等任教。

戰後，市古宙三任中央大學教授、御茶之水女子大學教授。曾赴美國、歐洲考察，及參加編寫《近代中國研究入門》（1973）。1977 年任御茶之水女子大學校長。著有《現代中國的經濟》、《中國的近代》、《近代中國的政治與社會》、《中國：社會與歷史》二卷、《中國研究文獻指導》等。

市古宙三之兄市古貞次（1911-2004）是文學家，東京大學教授，研究日本中世文學，著有《中世小說》、《中世文學點描》、《中世文學年表》、《日本文學史概說》讀書。

4.5 宮崎市定：京都學派的集大成者

1. 京都大學出身和職歷

宮崎市定（1901-1995），著名歷史學家、京都學派第二代巨擘和集大成者。文學博士。生於長野縣飯山市。1925 年畢業於京都帝國大學東洋史學科，1934 年任京大副教授；次年參加創設東洋史研究會，長期擔任會長及主編《東洋史研究》。曾留學法國，1944 年升教授。

戰後，宮崎市定於 1950 年任京都大學文學部部長。1959 年改任基礎學部部長，次年赴莫斯科考察，及任法國巴黎大學東洋史教授。1965 年從京大退職，為名譽教授。1965 至 1966 年，赴西德講學；1967 年，獲英國倫敦大學亞非學系名譽教授稱號。1971 年受勳二等。1976 年和 1977 年，出席日本外務省與東方學會主辦的第二十一屆、第二十二屆國際東方學家會議。

2. 亞洲史研究權威

戰前，宮崎市定出版了《東洋樸素主義的民族與文明主義的社會》和《五代宋初的通貨問題》。戰後初期，以《亞洲史概論》二卷（1946-1948）廣為人知；其後有四卷本《亞洲史研究》，1957 至 1964 年由東洋史研究會出版。

宮崎市定著作甚豐，1950 年代出版的有《史學指南》、《九品官人法的研究》、《東洋史上的日本》和《日本的官位令與唐的官位令》；1960 年代出版的，有《宋與元》、《隋煬帝》、《大唐帝國》等；1970 年代出版的，有《政治論集》、《向中國學習》、《水滸傳：虛構中的史實》、《亞洲史概說》、《論語的新研究》和《中國史》二卷。《宮崎市定全集》二十五卷，由岩波書店出版。

【人物群像】

■平岡武夫：經學．史學．文學

平岡武夫（1909-1995），漢學家。生於大阪。京都帝國大學畢業，入東方文化研究所，為經學研究室主任，1950 年代從事唐代基礎文獻的整理，編成《唐代研究指南》三卷出版。1960 年任教授，後來曾經在臺灣大學、東海大學講授經學。

1973 年，平岡武夫從京都大學退休，獲名譽教授銜，改任日本大學文理學部教授。其學術走向從經學轉入史學，再從史學轉入文學，專注於文獻的考證。主要著作，有《經書的成立：中國精神史序說》、《經書的傳統》、《唐代的行政地理》、《長安與洛陽》、《唐代的詩人》、《白氏文集》等。

■日比野丈夫：中國歷史地理研究者

日比野丈夫（1914-2007），中國古代史，歷史地理及考古研究家。生於京都市。1936 年畢業於京都帝國大學，同年進入東方文化學院京都研究所。1938 年，參加平凡社刊《東洋歷史大辭典》九卷本的編撰工作。1944 年，參加滿鐵主持輯錄的《中國歷代地理志匯編》。

戰後，日比野丈夫於 1948 年進入京都大學人文科學研究所工作。1950 至 1952 年，在該所從事清代文獻的匯集，特別是地方史志中關於中國風俗習慣的資料。1952 至 1956 年，參加該所的居延漢簡研究組。1957 年任京大人文科學研究所副教授，後於 1968 年升教授。1959 年以

《居庸關研究》獲頒日本學士院獎。1962 年，以《漢代歷史地理研究》取得文學博士學位。

日比野丈夫曾於 1964 至 1965 年、1972 年，兩度到台灣、香港和東南亞調查華僑史資料。1974 年擔任《世界文化大百科事典》（十一卷本）東洋史編集委員，1976 年擔任《圖說中國歷史》（十二卷本）編集委員。著作包括《東亞世界》、《世界史年表》、《水經注的研究》、《中國歷史地理研究》等。1977 年從京大退職，獲頒名譽教授稱號，任追手門學院大學教授，1980 年起任大手前女子大學教授、學長。

■島田虔次：中國思想史學者

島田虔次（1917-2000 年），中國古代哲學、古代史研究者，文學博士。生於廣島縣三次市。1941 年京都帝國大學文學部畢業，1945 年任東方文化研究所助教。1949 年任京大人文科學研究所東方部副教授，次年至 1956 年，參加該所中國古典校注及編纂組工作，1969 年升教授。1975 年改任京大文學部教授，1977 年起開設「明末的思想與社會」等課程。其他履歷包括東方學會會員、日本中國學會會員。

1970 年，島田虔次參加《岩波講座：世界歷史》第九卷《內陸亞洲及東亞世界的發展》的編寫工作。他主編的《荻生徂徠全集》，於 1973 年出版。同年，島田虔次參加京都大學人文科學研究所代表團訪問中國；次年赴法國巴黎，進行中國思想史研究。主要著作有《中國近代思惟的挫折》、《中國革命的先驅者們》以及與小野信爾合編《辛亥革命的思想》等。

■**高田淳：研究中國近代思想及文學**

高田淳（1925-2010），哲學家、思想史學者。生於朝鮮京城。1945年被徵召參軍，在中國被俘，1947年遣返日本。1952年畢業於東京大學文學部中國哲學文學科，從事中國近代思想史研究。1963年任東京女子大學文理學部副教授，1970年升教授。其間於1967年兼任東京大學文學部中國哲學講師。1972年任東大文學部中國文學科副教授，1974年任學習院大學文學部史學科教授，1996年退職後為名譽教授。

高田淳的主要著作，計有《中國的近代與儒教：戊戌變法的思想》、《魯迅詩話》、《章炳麟·章士釗·魯迅：辛亥革命的生與死》等。他曾參與東京大學文學部中國哲學研究室主編的《中國的思想家》兩卷本、《世界文學小辭典》，及《中國文化叢書（8）：文化史》的編寫工作。

4.6 今堀誠二：廣島著名史學家

1. 中國近現代史研究者

今堀誠二（1914-1992），歷史學家、東洋史學者。生於大阪市。父親今堀友市是教育家、心理學家。1939年，今堀誠二畢業於廣島文理科大學史學科，留校任講師、副教授，曾赴中國、歐洲學習。1950年以《中國封建社會之機構》獲頒文學博士學位，次年任廣島大學教授。

1966至1967年，今堀誠二作為文部省在外研究員，赴歐美及東南亞考察；1969至1970年，到香港從事中國問題研究。1974年起，任廣島大學綜合部長，至1977年退職，獲頒名譽教授稱號。出任廣島女子大學校長。1980年獲頒日本學士院獎。

今堀誠二以研究中國近現代史見稱，著有《北平市民的自治組成》、《中國的社會構造》、《東洋社會經濟史序說》、《中國近代史研究序說》、《馬來亞的華人社會》、《中國史研究序說》等 。

2. 原水爆禁止運動家

今堀誠二亦是日本的原水爆禁止運動家，反對核武器和倡導和平，著有《原水爆時代：現代史之證言》（1959-1960）和《原水爆禁止運動》（1974）。1992年獲頒谷本清和平獎。

谷本清（1909-1986），基督教衛理公會牧師。在他逝世之後設立的谷本清和平獎，每年頒給為和平作出貢獻的人士和團體。今堀誠二以和平思想家獲頒此獎項。《歷史家之旅》在他逝世後翌年出版。

■橫山英：中國近現代史學者

橫山英（1924-2005），歷史學家、東洋史學者。文學博士。1948 年畢業於廣島文理大學史學科。1957 年任廣島大學文學部副教授，1972 年升教授。其間，1957 至 1958 年任哈佛－燕京學社國際研究員；1959 至 1962 年，參加平凡社《亞洲歷史事典》十卷本的編寫工作。

1968 年起，致力於研究中國近代社會的經濟結構。退職後任廣島修道大學法學部教授。

橫山英的主要著作，有《孫文》（1968）、《中國近代化的經濟構造》（1972）、《辛亥革命史研究覺書》（1976 年）等，在辛亥革命史研究方面有獨特的見解。橫山英、曾田三郎編《中國近代化與政治的統合》（廣島：溪水社，1992），收錄了金子肇、貴志俊彥、楠瀨正明、笹川裕史、田中仁、中山義弘、松重充浩、水羽信男的論文。曾田三郎為廣島大學文學部副教授、教授，著有《中國近代製絲業史之研究》等。

■今永清二：中國伊斯蘭史研究者

今永清二（1931-2018），歷史學家、東洋史學者。生於大分縣。廣島大學畢業，1974 年以《中國回教社會史研究序說》取得文學博士學位。曾任別府大學副教授，後任廣島大學文學部副教授、教授，1994 年退職，授與名譽教授稱號。後任廣島市立大學教授、縣立廣島女子大學校長，至 2004 年退休。其他履歷，包括東方學會會員、亞洲經濟研究所研究員。2007 年獲頒瑞寶中綬章，敍正四位。

今永清二致力於中國伊斯蘭史及中國近現代史研究，1978 年參加廣島大學友好訪華團訪問中國。著有《中國回教史序說：其社會史的研究》、《中國的農民社會：其風土與歷史》、《中國社會與歷史》、《近代中國革命史》、《福澤諭吉的思想形成》、《東方的伊斯蘭》等。

■楊啟樵：明清史專家

楊啟樵（1931-2019），歷史學家。祖籍浙江餘姚，生於上海。1951 年入香港新亞書院文史系，後來在新亞研究所師從所長錢穆（1895-1990）。1966 年，楊啟樵赴日本留學，入京都大學，1972 年獲頒文學博士學位。任教於廣島大學，退職後為姬路獨協大學教授。

楊啟樵的著作，主要有《雍正帝及其密摺制度研究》、《揭開雍正皇帝隱秘的面紗》，在雍正帝研究方面有深入的探討；對明清史問題亦多所見解，撰寫了《明清史抉奧》、《明清皇室與方術》等。

4.7 信夫清三郎：東亞政治史學者

1. 名古屋大學法學部部長

信夫清三郎（1909-1992），政治學者、歷史學家。生於韓國仁川。父親是外交官。1934 年九州帝國大學政治學科畢業，同年加入唯物論研究會；1938 年以該會違反當時的日本治安法罪被捕，保釋後任東京上野圖書館中國法制史文獻目錄編集委員。1943 年，任東亞農業研究所研究員。

日本戰敗後，信夫清三郎參加創立產業勞動調查局，任理事長。1950 年任名古屋大學法學部教授，1952 年獲頒法學博士學位；1955 至 1958 年任名古屋大學法學部部長，1958 至 1961 年兼任該校圖書館館長。1972 年退休，獲頒名譽教授稱號。其間，1961 年起當選為日本學術會議會員；1964 至 1966 年，任日本政治學會理事長。

2. 信夫清三郎的主要著作

信夫清三郎著作甚豐，戰前出版的有《日清戰爭：它的政治的、外交的觀察》、《陸奧外交：日清戰爭外交史的研究》、《外交論》及《近代日本外交史》。戰後，出版了《日本封建制的分析》、《明治政治史》、《大正政治史》二卷、《日俄戰爭史的研究》、《日本政治史》四卷、《朝鮮戰爭的發生》等，《日清戰爭》則是戰前同名著作的修改增訂版。

信夫清三郎著，周啟乾、呂萬和、熊達雲譯《日本政治史》四卷，1988 年上海譯文出版社出版，是一套頗有規模且具代表性的著作。他的觀點，學界有不同見解。

【人物群像】

■山本達郎：日本東南亞史學會首任會長

山本達郎（1910-2001），東洋史學家、文學博士。東京人。1933 年畢業於東京帝國大學東洋史學科，次年任東方文化研究所助教，1937 年任研究員。1942 年任東京帝國大學副教授，1949 年升教授。

1954 年，山本達郎以《安南史研究》獲每日獎勵金；同年，獲頒日本學士院獎。次年赴美國哈佛大學任教；並在大英博物館將斯坦因所藏漢文文獻製成照片，於 1956 年寄回日本。

1967 年，日本東南亞史學會成立，山本達郎任首任會長。1971 年退職後，為東京大學名譽教授，及國際基督教大學教授。曾任東方學會理事長。1978 年及 1980 年兩度訪華。

山本達郎擅長東南亞史、中國與南洋關係史，主要著作有《安南史研究：元明兩朝的安南征略》、《世界史．東洋》、《東南亞的宗教與政治》、《越南中國關係史》等。

■河部利夫：研究東南亞及華僑問題

河部利夫（1914-2011），歷史學家。群馬縣出身。1939 年東北帝國大學法文學部西洋史學科畢業，任助教，後留學泰國，任文部省民族研究所人員。

1951 年，河部利夫任東京外國語大學外國語學部教授。他亦是亞洲經濟研究所研究員。著《世界之歷史 (18)：東南亞》、《華僑》、《東南亞華僑社會變動論》，編《東南亞社會文化辭典》（1979 年）。

■石井米雄：東南亞研究專家

石井米雄（1929-2010），歷史學家。生於東京都。1953 年考入東京外國語大學，1957 年前往泰國朱拉隆功大學，其間曾在寺廟出家修行，並獲頒福岡亞洲文化獎。後來又在日本駐泰國大使館任職七年。1963 年返回日本，講授東南亞課程。1965 年任京都大學副教授，1968 年升教授。他與高谷好一、前田成文、土屋健治，都是東南亞研究中心的成員。1990 年任上智大學教授。入選為文化功勞者，並授予瑞寶章。

石井米雄曾多次出訪柬埔寨、老撾、泰國和越南，並進行研究當地文化。他是《東南亞事典》（1986）五位監修之一，該事典是日文方面權威性的東南亞研究工具書。石井米雄的著作，有《講座東南亞學 (4)：東南亞的歷史》、《東南亞世界的構造與變容》、《泰國的宗教與國家：泰國佛教小史》等。

■矢野暢：東南亞地域研究

矢野暢（1936-1999），政治學者、東南亞研究專家。

生於熊本縣。京都大學法學部畢業，大學院法學研究科碩士、博士。曾任大阪外國語大學講師、廣島大學副教授、京都大學東南亞研究中心教授及所長，後辭職，到京都市東福寺修行隱退。晚年客死於澳洲。

1986 年，矢野暢以《冷戰與東南亞》一書獲頒吉野作造獎。著有《日本的「南進」與東南亞》、《「南進」之系譜》、《日本之南洋史觀》、《東南亞世界之論理》、《南北問題的政治學》、《東南亞世界的構造》等。他在音樂方面亦有深厚造詣，著有《二十世紀之音樂：意味空間的政治學》及《二十世紀音樂之構圖：同時代性的論理》。

■姜在彥：朝鮮史專家

姜在彥（1926-2017），歷史學者。生於朝鮮濟州島。大阪商科大學研究科修了。在大阪市立大學、廣島大學等校擔任非常勤講師，花園大學客座教授。1981 年，以《朝鮮的開化思想》獲頒京都大學文學博士學位。

姜在彥著述甚豐，主要分為兩類：一類是朝鮮史，計有《朝鮮歷史與風土》、《朝鮮近代史研究》、《近代朝鮮之思想》、《近代朝鮮之變革思想》、《朝鮮歷史與文化》等；另一類是日本與朝鮮的關係，包括《近代日本與朝鮮：朝鮮問題入門》、《日朝關係之虛構與實像》、《日本支配朝鮮 40 年》、《韓國與日本交流史　近世篇》。另有《西洋與朝鮮：異文化格鬥之歷史》、《姜在彥著作選》五卷（包括鈴木信昭譯《朝鮮的西學史》）。

4.8 梅原猛：探索日本深層文化

1. 從京都學派出發

梅原猛（1925-2019），哲學家、日本學學者。宮城縣仙臺市人。1948 年京都大學文學部哲學科畢業，立命館大學教授，京都市立藝術大學教授、學長。他在文學、歷史、宗教等方面提出許多大膽假設，確立了「梅原古代學」。

1987 年，梅原猛出任國際日本文化研究中心第一任所長，通過對阿伊努、沖繩的繩文文化原型的研究，探討日本文化的深層積澱，提出其日本文化論，以宣揚日本文化優越論為潛在宗旨，在日本文化研究領域佔重要地位。

1972 年起，梅原猛先後獲每日出版文化獎、大佛次郎獎、大谷竹次郎獎等。著述頗豐，有《美與宗教的發展》、《地獄的思想》和《日本文化論》等，收入《梅原猛著作集》二十卷。

卞崇道主編《戰後日本哲學思想概論》（北京：中央編譯出版社，1995）指出，梅原猛「感覺到西田哲學的人生觀不能對人生有甚麼積極意義，並對西田哲學關於戰爭的理論也產生強烈不滿」。他又「批評和辻哲郎蹈襲國學偏見，且力圖以文藝復興式的西方文化為準繩來觀察日本文化」。

2. 創造性的日本文化論

梅原猛第一部關於日本文化的論文集《美與宗教的發現：創造性日本文化論》(1967)，強調真正創造性的工作，只有沉潛於本國的傳統中才可能做出；為創造與歐洲不同的新文化，有必要正確理解明治以前的祖先曾孜孜不倦地努力輸入的東方文化傳統，深刻思考傳統文化的物質。而要理解本身的文化、祖先的文化，就必須知道他們的美與宗教。

梅原猛所說的美，主要是指《古今集》，該書在日本的詩歌、散文、美術、戲劇等所有的文學領域，都產生過重大影響。他所說的宗教，主要是指密教，書中分析了密教的宇宙論和生命哲學，從而批評歷來以禪和淨土為中心的佛教觀。

他的另一部論著《地獄的思想》，力圖探討佛教與日本文學的關係，從而提出「日本思想三原理」的設定，即生命的思想、心的思想和地獄的思想。這三個原理，並不總是經緯分明的，直至鎌倉時代的日本思想史，可以用這三種思想原理圖式化。

至於梅原猛的《日本文化論》，則對東西方文化進行了歷史的和現實的比較。他認為西方文明是「力」的文明，東方文明是「和」的文明。西方文明雖然強大或者曾經強大，但今天已落後於時代了，今後文明的發展方面，將轉到和平的文明、慈悲的文明方向上來，將轉到科學技術文明與和平慈悲文明共存一致的方向。

【人物群像】

■梅棹忠夫：著名的生態學者

梅棹忠夫（1920-2010），人類學家、民族學家。生於京都。京都大學畢業，1996年獲理學博士學位。任京大人文科學研究所教授。京都大學、綜合研究大學學院、國立民族學博物館名譽教授。獲頒文化功勞者稱號及紫綬褒章。

梅棹忠夫的代表作是《文明的生態史觀》（1967），主張從地理環境的生態結構出發，運用生態學的理論和方法，用來研究和解釋人類文明發展模式的觀點。其他著作有《東南亞紀行》二卷、《知的生產之技術》、《民族學博物館》、《人類學周遊》等。關於日本，他出版了《地球時代的日本人》、《日本人是甚麼：近代日本文明之形成與發展》和《日本三都論：東京·大阪·京都》。

關於情報，有《情報管理學》。主要論著，收入《梅棹忠夫著作集》二十卷。

■上山春平：深層文化論和日本學

上山春平（1921-2012），知名學者。生於和歌山縣和歌山市。1943 年畢業於京都帝國大學，歷任京大人文科學研究所副教授、教授、所長。其後為名譽教授，及擔任京都國立博物館館長。他在《照葉樹林文化：日本文化的深層》（1969）認為，今天的文化成層地潛存着祖先的文化，這種深層文化並不僅僅是過去的遺物，在現實生活中仍然發揮着作用。新文化是在繼承舊文化的前提下形成的，不可能與舊文化完全割斷聯繫。

上山春平的著作，還有《深層文化論序說》、《哲學的探索》、《日本文明史：引進與創造的軌跡》等。他在《深層文化論序說》中指出，追溯文化的深層，是為了弄清楚現今的文化性質。他與梅原猛合著《日本學事始》（1972 年），說明人的精神很明顯是重層性的，在日本文化的深層，有非常發達的農耕文化及農耕以前的狩獵採集文化。同時強調，為了深刻理解日本，必須深入地瞭解曾經供給日本以豐富營養的中國、印度和西洋，因此日本學不能不是世界學。換言之，上山春平的日本學，是以深層文化分析為方法，而以世界文化為背景。

■鶴見俊輔：「思想界的巨人」

鶴見俊輔（1922-2015），思想家、大眾文化研究者。生於東京。他的父親鶴見祐輔（1885-1973）和外祖父後藤新平（1857-1929），都是政界人物。鶴見俊輔留學美國，入哈佛大學哲學系，1942 年畢業。戰後，他與姊姊鶴見和子（1918-2006），物理學家武谷三男（1911-2000）、政治家丸山真男組成「思想之科學研究會」，發行《思想之科學》，批判日本人的思維方式。鶴見和子畢業於津田英學塾，曾在哥倫比亞大學肄業，上智大學名譽教授，專攻比較社會學。

鶴見俊輔曾任教京都大學人文科學研究所、東京工業大學、同志社大學。積極參加社會運動，包括 1960 年代的反越戰運動、1990 年代的慰安婦求償運動等。2004 年，他與文學家大江健三郎等人參加發起九條會（全稱和平憲法第九條之會），是一個旨在支持《日本國憲法》第九條〈永遠放棄戰爭力量〉的市民團體。

鶴見俊輔的主要著作，有《戰爭時候日本精神史（1931-1945）》、《戰後日本大眾文化史（1945-1980）》，及《限界藝術論》、《限界藝術》、《鶴見俊輔集》等。

■溝口雄三：中國哲學與思想史研究

溝口雄三（1932-2010），歷史學家、漢學家。愛知縣名古屋市出生。1958 年畢業於東京大學文學部中國文學科，後來進入名古屋大學修習碩士學位課程；1981 年在九州大學取得博士學位，任東京大學文學部中國哲學科教授。1993 年從東大退休後，任大東文化大學文學部教授。

溝口雄三的著作，主要有《中國前近代思想的屈折與展開》、《中國的人和思想（10）：李卓吾》、《作為方法的中國》、《中國的思想》、《中國的公與私》、《中國的衝擊》等。監修、譯註《朱子語類》。

4.9 竹內芳郎：文化符號學和宗教文化

1. 受當代馬克思主義潮流影響

竹內芳郎（1924-2016），哲學家、文化理論研究者。生於岐阜縣。1952年畢業於東京大學文學部哲學科，後任國學院大學教授。他在研究實存主義的過程中，受到當代馬克思主義思潮的影響，發表了一些關於馬克思主義理論的著作，包括《薩特與馬克思主義》（1965）、《馬克思主義的命運》（1980）等。

竹內芳郎的第一部專著是《薩特哲學序說》（1972），論述了實存主義的發生、發展過程及其理論內容，從現象學的角度探討法國哲學家薩特的實存主義理論，認為現象學存在論的核心概念是「具體經驗」即純粹意識。而在《為了文化理論的發展：通往文化符號學之路》（1981）中，把符號學的分析，從「語言」的領域，擴大到「語言」以外一切符號學的空間。

2. 對道家道教和教派神道的評價

竹內芳郎按照他自己的文化符號學理論，對道家思想和道教作出相當的評價。陰陽調和是中國傳統思想的特徵，道家明確以「陰」為優位，《老子》中充滿了對女性、水、嬰兒這三種形象的褒揚之辭，後世道教就是以此為基礎，形成中國民間的「救濟宗教」；道家和道教以特殊的方式，與科學技術的發展相聯繫，是近代以前使中國科技優於西歐的重要原動力。對於近代以來日本的「教派神道」，竹內芳郎有頗高的評價。教派神道即宗教神道，是十九世紀下半葉，明治維新前後產生的十三派神道，其特點是各派都有教祖、有獨立教義和嚴密的組織，不以某一神社為活動中心。

早在 1960 年代，竹內芳郎參加竹內好主持的「魯迅朋友之會」，採用比較研究法進行魯迅研究；1968 年參加《文化與革命》的編寫，論述魯迅文學與革命的關係。1976 年，參加編寫《魯迅：恢復東洋思維的權利》。竹內芳郎著《國家與文明：歷史的整體化理論序說》（1975），是值得注意的著作。

【人物群像】

■橫超慧日：中國佛學及佛教史研究

橫超慧日（1906-1995），哲學家、宗教研究家，文學博士。生於愛知縣。1929 年畢業於東京帝國大學文學部印度哲學科，1932 年任東方文化學院東方研究所研究員，其後轉任東大東洋文化研究所研究員。1937 至 1944 年參加支那佛教學會，編輯《支那佛教史學》雜誌。

戰後，橫超慧日於 1949 年任大谷大學副教授，1951 年升教授。1950 至 1953 年，參加京都大學人文科學研究所中國中世思想研究。1958 年，以《廣律傳來之前的中國戒律》獲文學博士學位。1969 年因他對中國佛教思想史研究成績卓著，獲頒紫綬褒章。1977 年起，在愛知學院大學文學研究科講授「佛學史研究」。

橫超慧日的主要著作，有《中國佛教的研究》二冊、《法華思想》、《北魏佛教的研究》及《法華思想的研究》。他曾參加平凡社刊《世界大百科事典》宗教部分及《亞洲歷史事典》十卷本的編寫工作。

■中村元：印度思想哲學研究

中村元（1912-1999），哲學家、佛教研究學者。生於島根縣松江市。1936 年東京帝國大學印度梵文學系畢業，1943 年取得文學博士學位。同年任東大文學部副教授，1954 年升教授。1957 年，以「佛教哲學史」獲頒日本學士院獎。

1956 年，中村元赴印度出席佛陀二千五百年紀念會。次年赴西德訪問，1969 年再赴印度考察。1973 年從東大退職，獲名譽教授稱號。翌年獲頒紫綬褒章。其他職歷包括東方學會評議員、東洋研究會理事長、東方學院院長、比較思想學會會長、哲學會理事等。

中村元的主要研究，是在中國佛教史、印度佛教史和東亞哲學等。著作計有《東洋人的思維方法》兩卷、《東洋思想漫步》、《印度哲學思想》、《華嚴思想》、《西藏語文法入門》、《召喚世界的東洋》、《佛教語大辭典》、《亞洲佛教史》五卷、《東洋的心》等，及《中村元選集》十八卷。

■酒井忠夫：研究道家和道教史

酒井忠夫（1912-2010），中國史學者。生於福井縣坂井郡。1935 年畢業於東京文理科大學，1938 年入東亞研究所第三支部，曾到上海，從事道教與幫會的研究。戰後於 1946 年返國，回母校任教。1961 年，以《中國善書研究》獲頒文學博士學位。其後歷任東京教育大學、筑波大學、立正大學教授。

酒井忠夫專攻中國民間宗教史。1950 年起，任日本道教學會理事，1977 至 1981 年擔任會長。主要著作有《中國道教文獻的研究》、《明代文化給予日本文化的影響》、《中國幫會史的研究》、《近現代中國的宗教結社研究》、《道教的綜合研究》、《民間信仰與社會生活》等。

■村上重良：研究日本宗教問題

村上重良（1928-1991），宗教學者。生於東京。1952 年畢業於東京大家文學部宗教學宗教史學科，任慶應義塾大學講師，屬日本共產黨，其後以宮本顯治為中心，於 1974 年締結《日本共產黨與創價學會合意協定》（創共協定），但後來又公然批判宮本指導部。

村上重良的著作，計有《近代民眾宗教史之研究》、《近代日本的宗教者》、《日本百年之宗教》、《國家神道》、《天皇之祭祀》、《現代宗教與政治》、《日本宗教事典》、《現代日本之宗教問題》、《世界之宗教》、《宗教之昭和史》、《世界宗教事典》等。其中《國家神道》一書有中譯本，1992 年由北京商務印書館出版。

■松源泰道：五十歲開始的百歲人生

松源泰道（1907-2009），佛學大師。東京龍源寺主持，龍源寺是松原家的祖產。早年就讀於早稻田大學史學科，曾在著名佛寺修行。六十五歲那年發表《般若心經入門》，因說法精妙，一舉成名，自此四出講學，開設專欄，年年推出新作，著書逾一百三十部。他說，他的人生是從五十歲開始的。

松源泰道致力於推廣佛教的生活哲學，把佛學經典、禪宗智慧寫成大眾易於理解的著作，並且身體力行，創立了一套充滿智慧和經世致用的人生觀。他在傳記《我的航跡》中說，他在漫長的傳教和寫作生涯裏悟出了「大道至簡」的規則。

在生活習慣方面，松源泰道一向看重精神養生法，心態健康最重要，還有不勉強、不浪費、不懶惰的「三不原則」；要學着多捨少取、回饋他人，「用懺悔和布施之心創造萬物共生的世界」。楊向東翻譯了松原泰道的三本著作：《五十到一百的人生規劃》、《五十歲開始的人生補習班》和《九十九歲，更有效地利用今天活着》，由廣州花城出版社出版。

■大谷光照：淨土真宗西本願寺派門主

大谷光照（1911-2002），宗教家、中國佛學研究家。法號勝如。出身舊伯爵之家，是淨土真宗開山祖親鸞（1173-1262）聖人的後裔。1927 年繼承門主，為西本願寺派最高職位。1935 年畢業於東京帝國大學東洋史學科。1938 年赴中國，在華北、東北等地活動。

戰後，大谷光照於 1954 年赴美國，其後又到巴西、西班牙、法國、瑞典等國考察。1957 年任日本佛教會會長，同年赴緬甸、泰國參加釋迦牟尼涅槃二千五百週年紀念活動。他是東方學會會員，著有《唐代的佛教儀禮》等。

第五章

醫療、科技與建築

明治時期以來，日本對醫學頗為注重，北里柴三郎、志賀潔、野口英世、秦佐八郎、鈴木梅太郎等，都有發明和發現。在昭和時期尤其是平成時期，相繼有幾位醫學家獲諾貝爾獎。日本人長壽在世界上名列前茅，與倡導預防醫學和養生之道有一定的關係。

科學技術可以改善國民生活，是未來發展的重要支柱，自 1960 年代以來，日本即致力於先端科技的發展。作為日本科學技術行政的最高諮詢機關，科學技術會議提示了六大目標，當中就包括解決環境安全問題以實現較好的生活環境，改善保健、醫療以增長及維持健康，振興先導的、基本的科學技術及培養科技力量等。

日本政府在核能、宇宙、海洋等方面，都有大型的開發計劃。大部分的科學技術研究工作，由大學、研究機關和民間企業領導；民間企業負擔了過半數的研究費用，擔當重要的角色。大學的研究費之中，超過一半用於基礎研究；而民間企業的研究費，有四分之三是關於生產發展的研究。繼昭和時期之後，平成時期獲諾貝爾物理學獎和化學獎的日本科學家，多達十餘人，成績卓著。

建築界方面，日本建築師不但在國內，甚至世界上多處地方，都有他們設計的著名建築物。二十一世紀重視創新科技，傳統與現代結合，人文與科技共融，是能夠推陳出新的關鍵，新舊文化重疊並存的「文化重層性」（文化二重性），顯然在日本社會中繼續發揮重大作用。建築界提出的「共生思想」，其實也是文化重疊複合的一種理念。

5.1 西塚泰美：蛋白激酶 C 的發現者

1. 榮獲沃爾夫醫學獎

西塚泰美（1932-2004），醫學家、生化學家。生於兵庫縣蘆屋市。1957 年畢業於京都大學醫學部，1963 年獲醫學博士學位。神戶大學教授、校長，其他職歷包括哈佛大學客座教授、華盛頓大學客座教授、京都大學教授等。

西塚泰美的貢獻，是發現蛋白激酶 C，及闡明訊息傳遞通過細胞膜的分子機制，對生命科學的進展影響甚大。榮獲獎項包括日本學士院獎、文化功勞者、文化勳章等，他是第三位日本人拉斯克基礎醫學研究獎得主（1989）、第二位沃爾夫醫學獎得主（1994）。

2. 日本的諾貝爾醫學獎得主

日本醫學家獲諾貝爾獎（生理學、醫學）的，繼昭和時期（1987）利根川進之後，平成時期共有四人，依次獲獎的是山中伸彌、大村智、大隅良典、木庶佑。（表 3）

表 3　平成時期諾貝爾醫學獎日本得主

年份	姓名	簡介
2012	山中伸彌	神戶大學醫學部出身，幹細胞科學家
2015	大村智	山梨大學學藝學部出身，天然有機物化學家
2016	大隅良典	東京大學教養學部出身，分子細胞生物學家
2018	木庶佑	京都大學醫學部出身，免疫學家

【人物群像】

■日野原重明：提倡預防醫學第一人

日野原重明（1911-2017），國寶級醫生、醫學博士。山口縣人。1937 年畢業於京都帝國大學，曾任帝國海軍軍醫少尉、聖路加看護大學校長、聖路加國際醫院院長、國際內科學會會長等職。

日野原重明將健檢帶入日本，是提倡預防醫學的第一人，經過二十年的努力，將糖尿病、高血壓等「成人病」一詞改為「生活習慣病」。1993 年創設日本第一家安寧醫院，普及安寧醫療，為終末期醫療作出貢獻。2005 年獲文化勳章。他自己活到一百零五歲，並且平靜地辭世。著有《活好：我這樣活到 105 歲》等。

■早石修：沃爾夫醫學獎得主

早石修（1920-2015），醫學家、生化學家。生於美國加利福尼亞。大阪帝國大學醫學部畢業，醫學博士。曾在美國、日本多家大學任教，包括威斯康星大學、加利福尼亞大學、京都大學、東京大學、大阪醫科大學等。1973 至 1976 年，擔任國際生化學與分子生物學聯合會總裁。

早石修的主要成就，是發現加氧酶對醫學的貢獻，1986 年獲沃爾夫醫學獎。他還發現了多聚 ADP 核糖，並解明了前列腺素的相關機理。榮獲獎項計有日本學士院獎、文化功勞者、文化勳章、紐約科學院生物化學獎、勳一等瑞寶章。

沃爾夫醫學獎是以色列沃爾夫基金會頒授的沃爾夫獎之一，獎勵在醫學特別是基礎醫學方面有重大發現的科學家。早石修是日本人最早獲此獎的醫學家，第二位是西塚泰美。

■日沼賴夫：探索日本人起源的醫生

日沼賴夫（1925-2015），醫生、醫學者。生於秋田縣山本郡。1950 年東北大學醫學部畢業，入研究院進修，後任助教，1957 年獲醫學博士學位。1960 年任副教授，1968 年任齒學部教授。1971 年轉到熊本大學醫學部，1980 年任京都大學教授。

日沼賴夫致力研究成人 T 細胞白血病的成因，並根據他的發現探索日本人的起源。榮獲獎項包括野口英世紀念醫學獎（1981）、文化功勞者（1986）、日本學士院獎（1989）、文化勳章（2009）。著有《日本之醫學 · 對談集》（1992）等。

■伊藤正男：腦科研究專家

伊藤正男（1928-2018），醫學家、神經生理學家。生於名古屋市。1953 年畢業於東京大學醫學部，後獲碩士、博士學位。1959 至 1962 年，在澳洲國立大學擔任研究員。1963 年起任教於東京大學，其後出任理化學研究所腦科學綜合研究中心主任。

伊藤正男的研究領域是神經科學，在小腦中浦肯野細胞的機能、小腦突觸可塑性方面知名。曾任日本學術會議會長（1994-1997），獲日本學士院獎（1986）、日本國際獎（1996）、格魯伯神經科學獎（2006）。

5.2 土居健郎：剖析「撒嬌文化」

1.「日本精神療法第一人」

土居健郎（1920-2009），精神病學醫師、精神分析專家，醫學博士。東京人。東京大學畢業，同大學醫學教授、名譽教授。其他職歷包括美國國立精神衛生研究所客座研究員、國際基督教大學教授、國立精神衛生研究所所長、聖路加國際病院顧問等，是精神分析學「日本學派」的代表人物，有「日本精神療法第一人」之譽，而對造成精神病的社會、文化原因也有獨特的分析和理論。著有《土居健郎選集》。

土居健郎的精神病醫學著作，涉及日本人國民性格和日本社會，從文化心理層次研究日本國民性，其代表著作是《「撒嬌」的文化》。人們的許多精神性、神經性疾病，與這種「撒嬌」心理有關。日本人對「撒嬌」這種情感特別重視和敏感。

2. 三種著名的「日本人理論」

土居健郎的「撒嬌文化」，與美國學者潘乃德（Buth Benedict, 1887-1948）的「恥感文化」、中根千枝的「縱式社會理論」，並稱現代幾種著名的「日本人理論」。

「撒嬌文化」是一種「嬌寵」（amae）心理的表現，其原型是母子關係中嬰兒依賴母親的心理。土居健郎認為，嬰兒發育到一定程度，已經知曉母親是與自己不同的存在，但仍然否定母子分離的事實，試圖親近母親、與母親一體化。

潘乃德著《菊花與劍》（*The Chrysanthemum and the Sword*）是西方研究日本的經典之作，運用文化人類學方法，分析日本國民的性格，以及日本文化的雙重性。「菊花」是日本皇室家徽，「劍」是武士道文化象徵。此書影響了第二次世界大戰後美國接管日本的政策，開啟了西方對日本文化的研究熱潮。此書有中譯本，書名或作《菊與刀》。

日本的「恥感文化」，是指人們的善行依靠外部力量推動，衍生出人的價值來自集體規範。《菊花與劍》對此有相關的分析和論述，指出日本社會大抵是由羞恥心所推動，羞恥心的概念，可見其社會中的武士道精神和義理的規範。

社會人類學家中根千枝（1926-2001）是東京大學東洋文化研究所教授、所長，主要研究印度、西藏、日本的社會組織。中根千枝對「縱式」（tate）社會理論的闡述，集中體現在《縱式社會的人際關係》、《適應的條件》、《縱式社會的力學》三本著作之中。其研究重點，是人與人、人與集團、集團與集團的關係，而把日本社會結構的特點歸結為「縱式」，即縱向社會的人際關係。有《縱式社會與現代日本》。其代表作《日本社會》（*Japanese Society*）由許真、宋峻嶺譯成中文，1982 年天津人民出版社出版。

3. 日本現代化論

美國外交家、歷史學者埃德溫・賴肖爾（Edwin O. Reischauer, 1910-1990）—— 或譯賴世和的日本現代化論，也很值得注意。1977 年出版的《日本人》（*The Japanese*），有孟勝德、劉文濤的中譯本，上海譯文出版社 1980 年出版。1988 年的新版改題《當代日本人：傳統與變革》（*The Japanese Today: Change and Continuity*），陳文壽譯，北京商務印書館 1992 年出版。

賴肖爾的日本現代化論，是他作為外交家和歷史學者結合而得出的見解，影響了戰後美國的對日政策，也是西方學者對近代以來日本以至亞洲發展的基本看法。

■服部敏良：日本古代醫學史專家

服部敏良（1906-1992），醫師、醫學史研究家。生於岐阜縣山縣郡。名古屋大學畢業，醫學博士、文學博士。曾任山下病院院長。

服部敏良致力於研究日本古代醫學史，著有關於各個時代醫學的專書，包括《奈良時代醫學之研究》、《平安時代醫學之研究》、《鎌倉時代醫學史之研究》、《室町（安土桃山）時代醫學史之研究》、《江戶時代醫學史之研究》及《日本醫學史研究餘錄》等。

■岡芳包：德島大學校長

岡芳包（1915-1991），生理學家、醫學博士。大阪府人。大阪大學醫學系畢業，其後在東北大學金屬材料研究所從事低溫物理學研究。1940 年起，任大阪大學醫院部助教、講師、副教授。

1948 年，岡芳包任新成立的德島醫科大學教授；1967 年，任醫學系系主任。1979 年任德島大學校長。1987 年獲頒勳二等旭日重光章。

■森亙：日本醫學會會長

森亙（1926-2012），病理學家。生於東京。1951 年畢業於東京大學醫學部，1957 年獲醫學博士學位。1960 年任東京醫科齒科大學醫學部副教授，1968 年升教授；1973 年任東京大學醫學部教授（病理學教室），

1981 年任醫學部部長，1985 年任東大總長，至 1989 年退任。

1992 至 2004 年，任日本醫學會會長。此外，曾任國立大學協會會長。森亙於 1998 年獲頒文化功勞者榮銜，2001 年獲頒勳一等瑞寶章，2003 年獲頒文化勳章。著有《總長室之一五〇〇日》(1989 年）等。

■大塚恭男：致力漢方醫學的國際化

大塚恭男（1930-2009），醫師、醫史學者。生於高知縣高知市。東京大學醫學博士。北里研究所東洋醫學總合研究所第三代所長。致力醫學史研究，尤其是東西方藥學史的比較。從東方醫學的視野，探討漢方醫藥的現代化及其應用。

大塚恭男在漢方醫學的國際化方面，著有《東洋醫學入門》、《感染症之漢方治療》、《東西生藥考》、《新書東洋醫學》、《東洋醫學之世界》，合著包括《和漢藥物學》(1982)、《漢方之基礎與應用》、《今日的亞洲傳統醫學》、《繁用漢方藥》、《東洋醫學大事典》、《日本科學史的射程》，監修《中國本草圖錄》。

5.3 小柴昌俊：榮獲諾貝爾物理學獎

1. 集中研究微中子

小柴昌俊（1926-2020），物理學家。生於愛知縣豐橋市。1951 年畢業於東京大學理學部物理學專業，1955 年取得美國紐約羅徹斯特大學物理學博士學位，1967 年取得東京大學理學博士學位，師從理論物理學權威朝永振一郎。

小柴昌俊任教於東京大學，1987 年為榮譽教授，其後十年，在日本私立東海大學任教。2002 年獲諾貝爾物理學獎。他的主要研究集中在微中子，解決了太陽微中子問題。其他獎項包括：仁科芳雄獎、日本文化勳章、沃爾夫物理學獎、勳一等旭日大綬章等。

2. 諾貝爾物理學獎得主

日本科學家獲諾貝爾獎，以物理學者最多，在昭和時期，有湯川秀樹（1949）、朝永振一郎（1965）、江崎玲於奈（1973）。平成時期獲此獎項的，共有六人。（表 4）

表 4　平成時期諾貝爾物理學獎得主

年份	姓名	簡介
2002	小柴昌俊	東京大學理學部出身
2008	小林誠	名古屋大學理學部出身
2008	益川敏英	名古屋大學理學部出身
2014	赤崎勇	京都大學理學部出身
2014	天野浩	名古屋大學工學部出身
2015	梶田隆章	埼玉大學理學部出身

【人物群像】

■南部陽一郎：日裔美國物理學家

南部陽一郎（1921-2015），粒子物理學家。日裔美國公民，生於東京。1942 年東京帝國大學畢業。1949 年任大阪市立大學副教授，次年升教授。1952 年應邀赴美，到普林斯頓高等研究院進行訪問研究。1956 年起，任芝加哥大學副教授，1958 年升教授，1974 至 1977 年間兼物理系系主任。1960 年代起，他就在粒子物理學領域開展了先驅研究。

1970 年，南部陽一郎取得美國國籍。2008 年，因發現亞原子物理學中的自發對稱性破缺機制，獲諾貝爾物理學獎。他也是弦理論的創始人之一，被譽為「物理學的預言家」。晚年返回日本大阪定居，兼領幾個名譽教職，包括大阪大學特別榮譽教授、大阪市立大學名譽教授、立命館亞洲太平洋大學學術顧問。

■西島和彥：素粒子物理學家

西島和彥（1926-2009），物理學家。生於茨城縣土浦市。1948 年畢業於東京大學理學部物理學科，1955 年獲頒大阪市立大學理學博士學位。1956 至 1958 年，赴德國訪問；其後加入普林斯頓高等研究院，及任伊利諾大學厄巴納·香檳分校教授。

1966 年，西島和彥返回日本，在東京大學建立理論物理研究組；1986 至 1989 年，任京都大學基礎物理學研究所所長。1995 至 2005 年，任仁科紀念財團理事長。他獲得的獎項，包括仁科芳雄獎（1955）、日本學士院獎（1964）、文化功勞者（1993）、文化勳章（2003）等。

■有馬朗人：原子核物理學家

有馬朗人（1930-2020），物理學家、政治人物。生於大阪府。1953 年畢業於東京大學物理學系，1958 年獲頒理科博士學位。其後在母校任講師，1975 年升教授；1989 至 1993 年任校長。1998 年代表自由民主黨，成為參議院議員。

有馬朗人以提出相互作用玻色子模型知名，獲頒仁科紀念獎、日本學士院獎、文化功勞者、文化勳章及每日藝術獎。他還喜好俳句創作，曾主持天為俳句會，並致力推動使俳句登錄為非物質文化遺產。俳句是日本近現代詩體的一種。

■戶塚洋二：宇宙線物理學

戶塚洋二（1942-2008），物理學家。生於靜岡縣富士市。1965 年畢業於東京大學理學部物理學科，1972 年獲博士學位。1988 年擔任東大宇宙線研究所教授，1995 年任東大神岡宇宙素粒子研究設施所長，1997 年任東大宇宙線研究所所長，次年，其研究團隊首次觀察到微中子振盪，並測定微中子的質量，從而修正了物理學標準模型。

1987 年，戶塚洋二獲仁科芳雄獎；其他榮銜，包括文化功勞者（2002）、文化勳章（2004）等。著有《岩波講座．現代的物理學（1）：素粒子物理》（1992）等。

■益川敏英：專長基本粒子理論

益川敏英（1940-2021），物理學家。生於愛知縣名古屋市。獲名古屋大學理學博士學位，為京都大學 名譽教授。他以提出「小林－益川理論」聞名，2008 年與小林誠、南部陽一郎共同獲得諾貝爾物理學獎。在此之前，獲頒仁科芳雄獎、櫻井獎、日本學士院獎、朝日獎。

益川敏英曾任名古屋大學粒子和宇宙起源益川研究所主任、名古屋大學特聘教授，京都大學湯川理論物理研究所教授，退職後任京都產業大學物理學部教授及研究機構長。著有《電磁氣學》、《基幹講座物理學相對論》、《基幹講座物理學統計力學》、《熱力學》、《統計力學》等。

5.4 福井謙一：榮獲諾貝爾化學獎

1. 選擇自己最不喜歡的學科

福井謙一（1918-1998），理論化學家。奈良縣人。高中時代，他的數學和德語成績都很優異，而對化學不感興趣；升大學時，受到家庭中的親戚、京都帝國大學工業化學系教授喜多源逸（1883-1952）的影響，選擇了自己最不喜歡的化學科，作為終身的專業學問。

1941 年，福井謙一畢業於京都帝國大學工學部化學專業；1943 年起在該校任教，1951 年升為工學系教授。他提出「前沿電子軌道理論」，闡明電子在物質發生化學反應時的作用，在實驗化學領域建立了理論化學。1981 年獲頒諾貝爾化學獎，是亞洲第一個榮獲這個獎項的科學家。同年獲頒文化勳章。

2. 京都工藝纖維大學校長

1982 年福井謙一從京都大學 退職後，任京都工藝纖維大學校長。次年被選為日本學士院會員，1984 年就任基礎化學研究所理事和所長。他亦是美國科學院外籍院士，歐洲藝術科學文學院院士。獲頒勳一等旭日大綬章表彰，追贈從二位。

福井謙一出版的著作甚多，計有《量子化學》、《化學反應與電子軌道》、《訴說科學與人類》、《化學與我》、《學問的創造》、《21 世紀日本之選擇》、《哲學之創造》、《複雜系之經濟學》等。從化學、科學出發，探索學問與人生以至人類社會問題。

3. 諾貝爾化學獎得主

繼昭和時期福井謙一獲諾貝爾化學獎（1981）之後，平成時期有七位日本科學家獲此獎項，獲獎先後依次是白川英樹、野依良治、田中耕一、下村脩、根岸英一、鈴木章、吉野彰，分別出身京大、東大等校。（表 5）

表 5　平成時期諾貝爾化學獎日本得主

年份	姓名	簡介
2000	白川英樹	東京工業大學理工學部出身
2001	野依良治	京都大學工學部出身
2002	田中耕一	東京大學工學部出身
2008	下村脩	長崎大學藥學部（現長崎醫科大學）出身
2010	根岸英一	東京大學工學部出身

2010	鈴木章	北海道大學理學部出身
2019	吉野彰	京都大學工學部出身

【人物群像】

■大川一司：糧食和農業經濟學者

大川一司（1908-1993），農學博士。靜岡縣人。1933年畢業於東京帝國大學農業經濟科，在宇都宮農業專科學校任教，其後擔任內閣經濟安定本部生計費課課長。

1950年，大川一司任一橋大學經濟研究所教授；1969年任所長，獲名譽教授銜。其間，於1958年任經濟企劃廳經濟研究所所長，翌年任米價審議會會長，1961年任經濟企劃廳顧問。後任國際開發中心理事。著有《食糧經濟的理論和計劃》、《農業的經濟分析》、《農業經濟分析：成長和構造》、《日本經濟的構造》、《經濟發展與日本經驗》、《日本與發展途上國》等。

■平田義正：天然物化學者

平田義正（1915-2000），化學家。生於山口縣山口市。1941年東京帝國大學理學部化學科畢業，1944年任名古屋帝國大學理學部講師、副教授，1949年取得理學博士學位。1951年獲頒中日文化獎，1952至1953年到哈佛大學從事研究。次年回國後，升任教授，擔任理學部化學科第三講座（有機化學）。

平田義正培育了不少優秀的學生，包括中西香爾、下村脩等。1964 年獲頒朝日獎，1977 年獲頒日本學士院獎，1987 年獲頒動二等、瑞寶章，1990 年為文化功勞者，2000 年獲頒正四位、旭日重光章。

■長倉三郎：確立「電荷移動理論」

長倉三郎（1920-2020），物理化學家。生於靜岡縣駿東郡（現沼津市）。1943 年畢業於東京帝國大學理學部化學專業，1953 年獲理學博士學位。1959 年成為該校物性研究所教授，至 1981 年退職，改任岡崎國立共同研究機構分子科學研究所所長。1988 至 1995 年，任綜合研究大學院大學首任校長。

長倉三郎的學術貢獻，是確立了「電荷移動理論」，即利用分子軌道理論，解釋分子的電子狀態與化學反應之間的關係。曾任日本化學會會長，日本學士院會員、院長（2001-2007）。獲頒文化功勞者、文化勳章、瑞寶大綬章等獎項。

■井口洋夫：開創有機半導體的研究

井口洋夫（1927-2014），化學家。廣島市人。1948 年畢業於東京大學後，獲碩士、博士學位；1959 至 1974 年，任東大副教授、教授。1975 至 1995 年，任岡崎國立共同研究機構教授、所長、機構長。1996 年為日本宇宙開發事業團宇宙環境利用研究中心首席科學家、日本學士院院士。

井口洋夫發現有機材料的催化活性，設計出相應的分子催化劑。他還為分子功能材料的系統研究，提供了關鍵信息。又提出分子電子學的概念，是該領域的研究先驅。2000 年當選為中國科學院外籍院士，成為第一位當選為中科院院士的日本科學家。他是《岩波理化學辭典》的編集者之一。

■根岸英一：在有機化學界享有盛譽

根岸英一（1935-2021），化學家。生於中國長春，後隨父親遷居到哈爾濱和韓國的仁川、京城府（今首爾）等地。戰後，舉家到神奈川縣大和市居住。1958 年畢業於東京大學工學部應用化學科，進入帝人株式會社工作，取得獎學金，留學賓夕法尼亞大學，1963 年獲得博士學位，返回帝人株式會社。1966 年辭職，赴美國普渡大學做博士後研究。1968 年成為該校的助理教授，1972 年轉到雪城大學，1976 年升副教授，1979 年回到普渡大學任教授。1999 年成為該校「赫伯特布朗」講座教授。

2010 年，根岸英一獲頒諾貝爾化學獎。次年，成為美國文理科學院院士。2014 年，成為美國國家科學院外籍院士。他在日本獲頒的榮譽，包括文化功勞者、文化勳章。根岸英一的研究成果集中在金屬有機化學和有機合成方法學領域，以他命名的，包括「根岸偶聯反應」、「根岸試劑」等。

5.5 赤崎勇：發明藍光 LED

1. 赤崎勇的研究成果

赤崎勇（1929-2021），化學工程學家。生於鹿兒島縣川邊郡知覽町（現南九州市）。京都大學畢業。名古屋大學工學博士。1964 年任松下電器產業東京研究所基礎研究室室長，1981 年任名古屋大學教授。

1986 年，赤崎勇用高超的技巧成功製備以前被認為不可能的氮化鎵晶體。1989 年，他與學生天野浩共同發明藍光 LED。1992 年退職後為名譽教授，同年轉到名城大學任教。2014 年，赤崎勇與天野浩、中村修二共同獲得諾貝爾物理學獎。由於赤崎勇發明的藍色發光二極管，名古屋大學獲得數以億計日元的專利收入。

2. 赤崎勇的研究團隊

天野浩，1960 年生於靜岡縣濱松市一個企業技術員之家。名古屋大學畢業後，加入赤崎勇的研究小組，1985 年取得工學碩士學位，1989 年取得工學博士學位。1992 年，天野浩跟隨赤崎研究室轉移到名城大學，2002 年升教授。2010 年返回名古屋大學，擔任工學研究科教授。

中村修二，1954 年生於愛媛縣。1977 年畢業於德島大學工業部電器工程科，1979 年獲工學碩士學位。加入日亞化學工業公司，在開發科工作。1987 至 1988 年，留學美國佛羅里達大學。1993 年，日亞化學工業公司得以量產實用級高亮度藍色發光二極管，並取得 LED 照明市場的全球獨霸地位。翌年，中村修二取得德島大學工學博士學位。1999 年，應邀擔任美國加州大學聖塔芭芭拉分校材料工學院教授。

【人物群像】

■西澤潤一：「日本光通信之父」

西澤潤一（1926-2018），物理學家、電子工學家。宮城縣仙台市人。東北大學工學部電氣工業科畢業，獲工學博士學位。曾任上智大學特聘教授，東北大學名譽教授及校長。年輕時他已有超前的想法，但常面對研究經費無著，及其他研究者的攻擊，而仍不斷努力。在電子工程、通信工程、半導體製程、光通信開發等領域，都有獨創性的成就，有「半導體先生」之稱。

西澤潤一於 1974 年獲頒日本學士院獎，1980 年代獲頒獎項，計有文化功勞者、朝日獎、文化勳章等，2000年獲頒 IEEE 愛迪生獎章，是第一個日本人得此獎項。2002 年獲頒勳一等瑞寶章。他的研究單位被稱為「光通信發祥之地」。著有《愚直一徹：我的履歷書》、《西澤潤一的獨自開發論》、《戰略的獨創開發》等。

■下村脩：生物發光研究的第一人

下村脩（1928-2018），有機化學家、海洋生物學家。名古屋大學理學博士。生於京都府福知山市。少年時曾在「滿洲國」和大阪度過，後來舉家搬到長崎諫早市，距離 1945 年 8 月 9 日原子彈在長崎爆炸的中心二十五公里。原爆時他是一個十六歲少年，聽到博克斯卡號轟炸機的聲音，爆炸的閃光使他失明了三十秒，接着是原爆帶來的「黑雨」。在往後的十一年間，他克服了極大的困難，取得了巨大的學術成就。

戰後，下村脩考入長崎醫科大學附屬專門部。由於大學校園被原爆摧毀，藥學院搬到下村家居附近的臨時校園。1951 年獲頒藥學學士學位，任實驗室助理直至 1955 年。1956 年起，在名古屋大學的平田義正研究室擔任助理。1958 年獲頒有機化學碩士學位，1960 年獲博士學位。隨後到普林斯頓大學生物系工作。1980 年離開普林斯頓大學，結束了長達二十年的博士後生涯。

接着，下村脩進入麻薩諸塞州的伍茲霍爾海洋研究所，兼任波士頓大學醫學院教授。2001 年，他將自宅的一部分改建為「螢光蛋白研究室」。2006 年獲頒朝日獎。2008 年榮獲諾貝爾化學獎之後，獲頒長崎大學名譽博士（藥學）、學習院大學名譽博士（理學）榮銜。2013 年成為美國國家科學院外籍院士。

■上村雅之：任天堂「紅白機之父」

上村雅之（1943-2021），電子遊戲機開發人員。生於東京。1967 年畢業於千葉工業大學電子工程系，1971 年加入電子遊戲機開發商任天堂做技術開發人員，曾參與研發應用於射擊遊戲的電子光線槍，及家用遊戲機 Color TV-Game。

1979 年，上村雅之成為開發第二部部長，主要負責俗稱「紅白機」的家用遊戲機 Famicom 及「超級任天堂」。2004 年，擔任立命館大學光端綜合學術研究科教授。他曾經表示，電視遊戲機的作用，是把夢想和新技術帶進家庭。

5.6 小田稔：小行星 9972 以他命名

1. 文部省宇宙科學研究所所長

小田稔（1923-2001），宇宙物理學家、天文學家。生於北海道札幌市。父親是醫學家小田俊郎（1893-1989），著有《台灣醫學五十年》；外祖父是醫學家堀內次雄（1873-1955），曾任台灣總督府醫學校校長。小田稔曾就讀台北高等學校，1944 年畢業於大阪帝國大學理學部物理學科。

戰後，小田稔擔任大阪市立大學理工學部副教授，留學麻省理工大學，1956 年獲大阪大學理學博士學位。1966 年任東京大學航空研究所教授，1984 年任所長，成為英國皇家天文學協會特別會員，其間於 1981 年任文部省宇宙科學研究所教授。曾獲頒仁科芳雄獎、日本學士院恩賜獎、朝日獎、文化功勞者、文化勳章、勳一等瑞寶章。

2. 日本的天文學研究成果

小野稔於 1963 年發現 X 射線星體，接着又研製出「帘型平行光管」，通過人造衛星和火箭，在激烈活動時放射 X 射線的天體，可以確認其位置。小野稔的這一研究成果，促進了 X 射線天文學的發展。

另一位天體物理學家佐藤勝彥於 1981 年發表提倡宇宙膨脹的理論，1987 年又發表宇宙的多重發生理論，發展了宇宙膨脹論。小柴昌俊則是世界上最早捕捉宇宙超新星爆炸產生的中微子，開拓了「中微子天文學」的新領域。

【人物群像】

■近藤次郎：航空宇宙工學者

近藤次郎（1917-2015），應用數學家。生於滋賀縣。1941 年畢業於京都帝國大學理學部數學科，1945 年畢業於東京帝國大學工學部航空學科。1958 年任東大工學部教授，同年取得工學博士學位。1980 至 1985 年，任國立公害研究所所長。其後的職務，包括日本學術會議會長、國際科學技術財團理事長。

近藤次郎運用應用數學，在環境科學的領域中，解明預測大氣污染、核擴散等問題，對航空工學作出了貢獻。1991 年獲頒勳一等瑞寶章，1992 年獲紫綬褒章，1995 年獲文化功勞者榮銜，2002 年獲頒文化勳章。

■島秀雄：鐵路工學家

島秀雄（1901-1998），工程師。大阪府出生。1925 年畢業於東京帝國大學工學部機械工學科，入鐵道省，參與蒸氣機關車的開發和設計，1936 至 1937 年至歐洲、南非和南美考察鐵路。

戰後，島秀雄發起成立電車用動力臺車設計研究會（後改稱高速臺車振動研究會），融合鐵路技術，對開發電車列車作出了貢獻。1955 年，十河信二（1884-1981）任國鐵總裁，起用島秀雄為技師長。十河信二帶領日本創造出世界上最早的高鐵——新幹線，被稱為「新幹線之父」。

■荒田吉明：確立新的溶接工學體系

荒田吉明（1924-2018），高溫工學專家、工學博士。京都府人。1949 年畢業於大阪大學工學部溶接工學科，1957 年以論文《鐵炭素系的炭化物》取得博士學位。在母校歷任助教、講師、教授，1977 至 1981 年，任溶接工學研究所所長。

荒田吉明的研究解明了熱加工特性，確立了新溶接工學（焊接）體系。1995 年獲頒文化功勞者頭銜，2006 年獲頒日本文化勳章。職歷包括日本高工學會會長、西安交通大學、上海交通大學、天津大學名譽教授。

■中西香爾：生於香港的化學家

中西香爾（1925-2019），化學家。生於香港。父親是銀行家，他童年跟隨父親到法國里昂、英國倫敦、埃及亞歷山大多個地方生活。畢業於名古屋大學理學部，獲理學博士學位。從哈佛大學研修返回日本後，歷任名古屋大學副教授、東京教育大學教授、東北大學教授等職；1969 年開始，任教於美國哥倫比亞大學。

中西香爾知名於天然有機化合物、圓二色性、核極化效應結構測定、銀杏內酯等研究，被稱為「構造生物有機化學之父」。在日本，曾獲頒日本學士院獎．恩賜獎（1990）、文化功勞者（1999）、文化勳章（2007）等獎項。在國外亦曾獲得很多榮譽，包括美國、中國、荷蘭、意大利、瑞典等。美國化學學會與日本化學會共同設立中西獎，以紀念其研究功績。

■**向山光昭：有機合成化學研究者**

向山光昭（1927-2018），有機化學家。生於長野縣伊那市。1948 年畢業於東京工業大學，1953 年成為學習院大學理學部化學科講師，1957 年升副教授，同年取得東京大學博士學位。次年轉到東京工業大學理學部化學科，1963 年任教授。1973 年開始在東京大學任教，至 1987 年定年退職，改為擔任東京理科大學理學部應用化學科教授。

1986 年，向山光昭出任日本化學會會長。1989 至 1991 年，任有機合成化學協會會長。2002 年，任北里研究所基礎研究所有機合成化學研究室室長；2009 年退職，任東京化成工業株式會社基礎研究所技術顧問。日本學士院會員，曾獲頒文化功勞者銜及文化勳章。

5.7 伊藤清：隨機分析的創立者

1. 京都大學數學教授

伊藤清（1915-2008），數學家。生於三重縣員弁市。東京帝國大學畢業，1940 年發表〈論緊群上的概率分佈〉，1945 年獲頒博士學位。1952 年任京都大學教授，至 1979 年退職。

伊藤清在 1940 年代中，即以隨機積分和隨機微分方程的理論基礎，進行隨機過程研究，被視為隨機分析的創立者之一。他的理論被應用於不同領域，包括自然科學和經濟學。

2. 伊藤和伊藤積分

伊藤清著有《伊藤清概率論》，為引導讀者理解「隨機過程」作了介紹；書中還展示了「伊藤引理」的構想原點，收錄了概率發展的歷史過程。「伊藤引理」指出對於一個隨機過程的函數作微分的規則，是伊藤清以邏輯法則創造的精華，在隨機分析中是一條非常重要的性質。

隨機分析是概率論的一個分支，包括「伊藤積分」和「隨機微分方程」等內容。伊藤積分首先由伊藤清提出，因而以他命名，是將微積分的概念擴展到隨機過程中，主要應用於金融數學及隨機微分方程中。

【人物群像】

■田村三郎：生物有機化學家

田村三郎（1917-2015），農藝化學者。生於群馬縣。東京帝國大學農學部農藝化學科畢業，曾在「滿洲國大陸科學院」工作。戰後任東京大學農學部教授，獲贈名譽教授稱號；退職後出任富山縣立技術短期大學校長、東京農業大學教授。

田村三郎專攻生物有機化學，特別是關於高山植物、微生物成長的生理活性物質的化學構造。1989 年成為日本學士院會員，其後獲頒文化功勞者稱號及文化勳章。

■澤田敏男：農業農村工學專家

澤田敏男（1919-2017），農學家。生於三重縣伊賀市。1955 年，以論文〈關於浸透水流動之研究〉獲京都大學農學博士學位。在京大執教鞭，後任總長。其他職歷，計有農業土木學會會長、滋賀總合研究所理事長、日本學術振興會會長、國際高等研究所所長等。獲頒日本學士院獎、勳一等瑞寶章、文化勳章等。

1979 至 1985 年就任京大總長期間，澤田敏男致力於擴充留學生名額，推行國際化路線，並着手策劃有關措施。

■岡田節人：發生生物學者

岡田節人（1927-2017），生物學家。生於兵庫縣伊丹市。1950 年畢業於京都大學理學部動物學科，1959 年取得理學博士學位，留校任講師、副教授，1967 年升教授。1984 年轉任岡崎國立共同研究機構基礎生物學研究所所長，次年獲京都大學名譽教授稱號。1989 年任岡崎國立共同研究機構長，次年退官後，1993 至 2003 年，任 JT 生命誌研究館館長。

岡田節人榮獲的獎項，計有中日文化獎、紫綬褒章、文化功勞者、文化勳章等。著作甚多，包括《細胞的社會》、《試管中的生命》、《從生命科學的現場》、《身體的設計圖》、《生物學之旅：由採集昆蟲開始》等等。

■山田康之：研究植物分子細胞生物學

山田康之（1931-2021），植物學家、農學者。生於大阪府。京都大學農學部畢業。1967 年任副教授，1982 年升教授。1985 年任大阪大學工學部教授，次年任文部省科學官（高等教育部）。1995 年起，歷任奈良先端科學技術大學院大學教授、學長、名譽教授。2002 年任中國天津生物醫學研究所客座教授，2004 年任中國浙江工業大學名譽教授。

山田康之的研究，主要以京都大學為據點，大量培養細胞實驗，成為植物分子細胞生物學研究的權威。榮獲獎項，包括日本學士院獎、文化功勞者、文化勳章等。

5.8 丹下健三：一代建築巨匠

1. 設計東京奧運主會場

丹下健三（1913-2005），著名建築師。生於大阪府堺市。舊制廣島高中畢業，考入東京帝國大學建築系；1938年畢業後，進入前川國男建築事務所。1942至1945年間，在東帝大研究院攻讀城市規劃。1946年於東京大學工學部任教，1949年升教授。1959年獲工學博士學位。

1949年，丹下健三在廣島原子彈爆炸地點原址建造和平中心的設計比賽中勝出，獲頒一等獎，開始在國際上嶄露頭角。1955年的廣島和平記念資料館、廣島和平紀念公園，是他早期的作品。1961年，創建丹下健三都市·建築設計研究所。他在戰後日本經濟調整增長期間，有活躍的表現。1964年東京奧運會主會場——代代木國立綜合體育館，是他的頂峰之作。其後，曾在美國麻省理工學院、哈佛大學、耶魯大學、加州大學伯克萊分校任教。1980年獲日本文化勳章。1987年獲頒第九屆普利茲克獎，該獎項是建築界最高榮譽。

2. 普利茲克獎得主

丹下健三同時也是一位教育家，受他影響的新一代建築師，有黑川紀章、槙文彥、磯崎新等。磯崎新（1931-2022），東京大學研究院畢業。2019 年獲普利茲克獎。知名作品包括筑波中心大樓，哈爾濱音樂廳等。有《磯崎新著作集》四卷、《磯崎新建築論集》八卷等。與他並稱「日本建築界三傑」的安藤忠雄，於 1995 年獲頒普利茲克獎，以建造住宅和商業建築聞名，包括大阪心齋橋等。

槙文彥，東京大學工學部建築學科畢業。1993 年獲普利茲克獎。代表作有代官山集合住宅、東京體育館、朝日電視台新大樓、新加坡新傳媒園區等。

【人物群像】

■蘆原義信：發揮建築空間的魅力

蘆原義信（1918-2003），建築師。生於東京都。1942 年畢業於東京帝國大學建築系，戰後在哈佛大學研究生院進修。歷任日本法政大學、武藏野美術大學、東京大學教授，曾經擔任日本建築學會主席、日本建築師協會主席，1980 至 1982 年出任日本建築家學會會長。

蘆原義信的建築作品，包括東京藝術劇場、駒澤奧林匹克公園體育館、銀座 SONY 公園、國立歷史民俗博物館、國立科學博物館等。榮獲獎項，有文化功勞者、文化勳章。著有《外部空間的設計》、《街道的美學》、《隱藏的秩序》等，有《建築空間的魅力：蘆原義信隨筆錄》。

■篠原一男：住宅建築家

篠原一男（1925-2006），建築師。生於靜岡縣。東京工業大學畢業，在母校任教。他在進行教學工作的同時，開始實踐住宅設計，探索日本的傳統建築，如何融入現代建築之中。1960 至 1970 年代，建造如東京都杉並區的久我山住宅和白屋、澁谷區的上原住宅。1980 年代後，設計公共建築物，包括日本浮世繪博物館、東京工業大學百年紀念館。

篠原一男榮獲獎項，計有日本建築學會獎、教育部長藝術獎、紫綬褒章、每日藝術獎特別獎、勳三等旭日中綬章。著有《住宅建築》、《住宅論》、《超大數集合都市》等。他是建築實踐家，也是建築教育家。

■菊竹清訓：「新陳代謝派」大師

菊竹清訓（1928-2011），建築師。福岡縣久留米市人。1950 年畢業於早稻田大學，曾在村野藤吾事務所工作，1953 年自設事務所。1960 年代末，提出「神」、「型」、「形」三階段的設計方法論。他是代謝派主義者，對日本的建築哲學有很大影響。

菊竹清訓的代表作，有出雲大社廳舍（1961）、東光園旅館（1965）等。他開創戰後代謝派建築的先河，曾提出「塔狀城市」、「海上都市」等未來都市願景想像。磯達雄等著《菊竹清訓：日本當代建築的啟蒙導師》（武漢：華中科技大學出版社，2016），收錄了關於菊竹清訓及其建築的二十五篇報導。

■黑川紀章：延續代謝派精神

黑川紀章（1934-2007），建築師。生於愛知縣海部郡蟹江町。1957 年京都大學工學部建築學科畢業。1962 年成立黑川紀章建築城市設計研究所，1964 年獲東京大學博士學位。他與磯崎新、安藤忠雄並稱「日本建築界三傑」。

1960 年，在東京國際設計會議上，由於丹下健三的影響，黑川紀章和菊竹清訓、川添登等人提出「新陳代謝論」，被稱為建築界的新陳代謝派。此派在其宣言中闡明，城市和建築不是靜止的，而是像生物那樣，處於新陳代謝的動態過程中。

黑川紀章認為，未來將是「建築作為一種結構」，其後他試圖以共生思想來改變西方中心和理性主義，及植根於日本文化。共生思想的基本組成包括：異質文化的共生，人類與技術的調和，部分與整體的統一，內在與外部的交融，歷史與現代的並存，自然與建築的連續。

黑川紀章的建築事業，1970 年代以前是「新陳代謝」時期，1970 年代中以後是「共生思想」時期，前後各有其特色。主要作品有埼玉現代美術館（1978-1982）、六本木王子飯店（1984-1987）、廣島現代美術館（1984-

1988）、中日青年交流中心（1986-1990）等。

■柳澤孝彥：現代建築藝術學者

柳澤孝彥（1935-2017），建築師。生於長野縣松本市。東京藝術大學美術學部建築系畢業。先後在美國舊金山、紐約和日本東京從事設計工作，1986 年創辦 TAK 建築師事務所，主要致力以文化設施為中心的設計。

1986 年，在國際設計競賽中，東京新國立劇院榮獲最優秀獎。真鶴市立中川一政美術館，分別於 1990 年及 1992 年榮獲第十五屆吉田五十八獎、第三十三屆建築業協會獎。

結語：從平成日本到令和時代

2019 年 4 月，平成時代結束；5 月 1 日開始，日本使用「令和」年號。這一年的世界大事，是英國「脫歐」—— 退出歐盟。我們可以由此聯想起有日本「國民教師」之稱的福澤諭吉於 1881 年發表的〈脫亞論〉—— 主張日本要「脫亞入歐」；其後日本並與英國三次締結「日英同盟」。戰後以來，日本則與美國逐漸加強「日美同盟」的關係。而事實上，百多年間日本依然不脫亞洲一員，擔當的位置，是「亞太」或者「印太」的角色。

毋庸置疑，日本在國際上的地位有所提高，在世界事務方面的參與，亦相應增加。平成時期的日本，於 1991 年派遣海上自衛隊掃雷部隊到波斯灣，翌年制定聯合國和平維持活動法，派遣和平部隊到柬埔寨；另一方面，日本、韓國於 2002 年共同主辦世界盃足球賽，2021 年，在東京舉辦 2020 年夏季奧運會。

安倍晉三執政期間，企圖通過「安倍經濟學」刺激經濟增長；2020 年 8 月間，他宣佈因病辭去首相職位。菅義偉在自民黨總裁補選中獲勝，於同年 9 月 16 日起擔任總理大臣，但不夠一年，他在 2021 年 9 月 3 日宣佈放棄角逐連任自民黨總裁。9 月 29 日，岸田文雄當選為自民黨總裁後，菅義偉於 10 月 4 日率領內閣總辭，同日由岸田文雄接任內閣總理大臣職務。

菅義偉有「令和大叔」的稱號，因為日皇明仁退位前一個月的記者會上，時任內閣官房長官的菅義偉，在會上舉板公佈未來的新年號是「令和」，情況就如當年小淵惠三被稱為「平成大叔」一樣。菅義偉半工半讀的形式，出身於法政大學政治學科，1996 年首次當選眾議員，曾任自民黨副幹事長，在第一次安倍內閣中任總務大臣。後任內閣官房長官，著有《政治家的覺悟：改變官僚》（2012）。

岸田文雄祖籍廣島縣，生於東京都。1982 年早稻田大學法學部畢業，1993 年當選眾議員。二十一世紀初，在安倍內閣擔任內閣府特命擔當大臣，其後任外務大臣、防衛大臣。出任首相後，如何應對與中國和美國的外交，在兩者之間取得平衡，相信是岸田內閣最重要的執政路線。但親西方的路線，在短期內似乎未能逆轉。

日本社會向來以二十歲為成年，2022 年 4 月 1 日起，法定成年年齡調 低至十八歲，將會帶來甚麼影響是不容低估的。生育率下降、年輕人早熟，國民壽命延長、老齡現象擴大，諸如此類的問題息息相關，正在考驗日本社會所能承受的程度。從平成時代過渡到令和時代，所有二十一世紀的課題，其實並非日本獨有，只是日本比世界上很多地方較早出現、較為明顯而已。平成日本給世人的訊息，其意義正在於此。

附錄一　內閣一覽（1989-2023）

總理	出身／所屬黨派	任期
宇野宗佑	自由民主黨	1989.6.3-1989.8.10
海部俊樹	自由民主黨	1989.8.10-1991.11.5
宮澤喜一	自由民主黨	1991.11.5-1993.8.9
細川護熙	日本新黨	1993.8.9-1994.4.28
羽田孜	民主黨	1994.4.28-1994.6.30
村山富市	日本社會黨	1994.6.30-1996.1.11
橋本龍太郎	自由民主黨	1996.1.11-1998.7.30
小淵惠三	自由民主黨	1998.7.30-2000.4.5
森喜朗	自由民主黨	2000.4.5-2001.4.26
小泉純一郎	自由民主黨	2001.4.26-2006.9.26
安倍晉三（第一次安倍內閣）	自由民主黨	2006.9.26-2007.9.26
福田康夫	自由民主黨	2007.9.26-2008.9.24
麻生太郎	自由民主黨	2008.9.24-2009.9.16
鳩山由紀夫	民主黨	2009.9.16-2010.6.8
菅直人	民主黨	2010.6.8-2011.9.2
野田佳彥	民主黨	2011.9.2-2012.12.26

安倍晉三 （第二次安倍內閣）	自由民主黨	2012.12.26-2020.9.16
菅義偉	自由民主黨	2020.9.16-2021.10.4
岸田文雄	自由民主黨	2021.10.4- 現在

附錄二　大事年表（1989-2023）

■ 1989 年（平成元年）

- 1 月 8 日，平成元年開始。
- 4 月 1 日，開始實施消費稅，稅率為 3%。
- 6 月，竹下登內閣因利庫路特事件總辭職；宇野宗佑內閣成立。
- 8 月，海部俊樹內閣成立。

■ 1990 年（平成二年）

- 1 月、4 月、10 月，首相海部俊樹出訪歐洲八國、亞洲五國、中東五國。
- 11 月 12 日，日皇明仁舉行即位大典。
- 11 月 29 日，舉行國會開設百週年紀念活動。

■ 1991 年（平成三年）

- 4 月 24 日，日本政府發表聲明，決定向海灣派遣掃雷艇部隊；26 日，首批啟航。
- 4 月、7 月、8 月，首相海部俊樹出訪東盟五國及美、英、荷、中等國。
- 11 月，宮澤喜一內閣成立。

■ 1992 年（平成四年）

- 1 月 8 日，日美發表有關日美全球夥伴關係的《東京宣言》。
- 5 月，細川護熙發起成立日本新黨並任黨魁。
- 8 月，日本成立維持國際和平合作總部。
- 9 月，日本首批參加聯合國維持和平行動的自衛隊員開赴柬埔寨。
- 10 月，日皇明仁和皇后訪華。

■ 1993 年（平成五年）

- 8 月，以日本新黨領袖細川護熙為總理大臣的「七黨一派」聯合政府成立。自民黨結束單獨執政三十八年歷史。
- 9 月，日皇明仁和皇后前往歐洲訪問。
- 10 月，日中友好協會成立三十週年。

■ 1994 年（平成六年）

- 4 月，羽田孜內閣成立。
- 6 月，村山富市內閣成立。
- 本年，大江健三郎獲諾貝爾文學獎。

■ 1995 年（平成七年）

- 1 月，阪神 · 淡路大地震。
- 3 月，地下鐵沙林毒氣事件。

- 8 月，戰後五十週年發表村山談話。

■ 1996 年（平成八年）

- 1 月，橋本龍太郎內閣成立。
- 2 月，將棋棋士羽生善治達成日本將棋史上初次七冠獨佔。
- 11 月，「他媽哥池」開始發售。

■ 1997 年（平成九年）

- 3 月，秋田新幹綫開業。
- 4 月 1 日，消費稅稅率增至 5%。
- 10 月，長野新幹線（北陸新幹線）開業。

■ 1998 年（平成十年）

- 2 月，第十八屆冬季奧林匹克運動會在長野舉行。
- 6 月，金融監督廳開始。
- 7 月，小淵惠三內閣開始。

■ 1999 年（平成十一年）

- 8 月，國旗國歌法成立。
- 8 月，施行周邊事態法。
- 12 月，山形新幹線（北形至新莊）開業。

■ 2000 年（平成十二年）

- 4 月，森喜朗內閣成立。
- 7 月，發行二千圓紙幣。
- 7 月，三宅島噴火。
- 9 月，全島避難。

■ 2001 年（平成十三年）

- 4 月，小泉純一郎內閣成立。
- 6 月，根據改正 JR 會社法，JR 本州三社改為純粹民間公司。
- 9 月，東京迪士尼海洋開業。

■ 2002 年（平成十四年）

- 2 月，日本、韓國共同舉辦世界盃足球賽。
- 9 月，首相小泉純一郎訪問朝鮮。
- 12 月，東北新幹線由盛岡至八戶間開通。

■ 2003 年（平成十五年）

- 4 月，森大廈主導開發的六本木新城（六本木之丘）落成，是日本規模最大的都市更新計劃之一。
- 12 月，自衛隊開始派遣到伊拉克。

■ 2004 年（平成十六年）

- 4 月，成田機場民營化。
- 10 月，新潟縣中越地震。
- 11 月，發行新設計的一千圓、五千圓、一萬圓紙幣。

■ 2005 年（平成十七年）

- 3 月，福岡縣西方沖地震。
- 3 月至 9 月，舉行愛知萬博（世界博覽會）。

■ 2006 年（平成十八年）

- 1 月，設立日本郵政株式會社。
- 9 月，安倍晉三內閣（第一次）成立。

■ 2007 年（平成十九年）

- 1 月，日本政府防衛廳升格為防衛省。
- 9 月，福田康夫內閣成立。
- 10 月，開始運用緊急地震速報。

■ 2008 年（平成二十年）

- 9 月，麻生太郎內閣成立。

■ 2009 年（平成二十一年）

- 9 月，鳩山由紀夫內閣成立。
- 12 月，選出「草食系男子」為本年度十大流行語之一。

■ 2010 年（平成二十二年）

- 6 月，菅直人內閣成立。
- 12 月，東北新幹線由八戶至新青森間開業，至此全線開業。

■ 2011 年（平成二十三年）

- 3 月 11 日，東日本大地震（三一一地震及海嘯）。
- 3 月，九州新幹線開業。
- 9 月，野田佳彥內閣成立。

■ 2012 年（平成二十四年）

- 10 月，山中伸彌獲諾貝爾醫學、生理學獎。
- 12 月，安倍晉三內閣（第二次）成立。

■ 2013 年（平成二十五年）

- 5 月，島根縣出雲市的出雲大社迎來每六十年大次的「大遷宮」（神宮遷移）儀式。

- 10 月，三重縣伊勢市的伊勢神宮迎來每二十年一次的「遷宮」儀式。
- 本年，是 1953 年以來吉祥的「雙遷宮」之年。

■ 2014 年（平成二十六年）

- 4 月 1 日，消費稅稅率增至 8%。
- 本年，閣議決定武器輸出新三原則，容認使用集團的自衛權。

■ 2015 年（平成二十七年）

- 3 月，北陸新幹線延伸至金澤。
- 10 月，設置體育廳、防衛裝備廳。

■ 2016 年（平成二十八年）

- 3 月，北海道新幹線開業。
- 4 月，九州熊本縣發生強烈地震。
- 本年，通過新安保法。

■ 2017 年（平成二十九年）

- 7 月，東京都知事小池百合子在東京都議會議員選舉中大獲全勝，她領導的都民第一之會成為東京都議會第一大黨。
- 9 月，東京上野動物園新誕生的熊貓命名「香香」。

■ 2018 年（平成三十年）

- 本年，日本西部地區連日特大暴雨，造成廣島、岡山、愛媛等十二個府縣嚴重受災。

■ 2019 年（平成三十一年 / 令和元年）

- 4 月 30 日，日皇明仁舉行退位之禮，平成時期結束。
- 5 月 1 日，德仁親王繼承皇位，舉行即位之禮，改年號為「令和」。
- 10 月 1 日，消費稅稅率增至 10%。

■ 2020 年（令和二年）

- 9 月，菅義偉內閣成立。

■ 2021 年（令和三年）

- 7 月至 8 月，2020 年夏季奧運會在東京舉行。
- 10 月，岸田文雄內閣成立。

■ 2022 年（令和四年）

- 4 月 1 日，日本成年人的年齡由二十歲調低至十八歲。
- 7 月 8 日，前首相安倍晉三在奈良市為所屬自民黨參選者助選發表演說時遇襲中槍，搶救無效；7 月 10 日，執政自民黨於參議院大選中取得單獨過半數席次的勝利。

■ 2023 年（令和五年）

- 1 月，首相岸田文雄訪問英、美等五國。

附錄三　年號對照（1868-2023）

1868	明治元年（10 月 23 日起）
1869	明治二年
1870	明治三年
1871	明治 4 年
1872	明治五年
1873	明治六年
1874	明治七年
1875	明治八年
1876	明治九年
1877	明治十年
1878	明治十一年
1879	明治十二年
1880	明治十三年
1881	明治十四年
1882	明治十五年
1883	明治十六年
1884	明治十七年
1885	明治十八年
1886	明治十九年

1887	明治二十年
1888	明治二十一年
1889	明治二十二年
1890	明治二十三年
1891	明治二十四年
1892	明治二十五年
1893	明治二十六年
1894	明治二十七年
1895	明治二十八年
1896	明治二十九年
1897	明治三十年
1898	明治三十一年
1899	明治三十二年
1900	明治三十三年
1901	明治三十四年
1902	明治三十五年
1903	明治三十六年
1904	明治三十七年
1905	明治三十八年
1906	明治三十九年
1907	明治四十年
1908	明治四十一年
1909	明治四十二年

1910	明治四十三年
1911	明治四十四年
1912	明治四十五年（至 7 月 30 日） 大正元年（7 月 30 日起）
1913	大正二年
1914	大正三年
1915	大正四年
1916	大正五年
1917	大正六年
1918	大正七年
1919	大正八年
1920	大正九年
1921	大正十年
1922	大正十一年
1923	大正十二年
1924	大正十三年
1925	大正十四年
1926	大正十五年（至 12 月 25 日） 昭和元年（12 月 25 日起）
1927	昭和二年
1928	昭和三年
1929	昭和四年
1930	昭和五年
1931	昭和六年

1932	昭和七年
1933	昭和八年
1934	昭和九年
1935	昭和十年
1936	昭和十一年
1937	昭和十二年
1938	昭和十三年
1939	昭和十四年
1940	昭和十五年
1941	昭和十六年
1942	昭和十七年
1943	昭和十八年
1944	昭和十九年
1945	昭和二十年
1946	昭和二十一年
1947	昭和二十二年
1948	昭和二十三年
1949	昭和二十四年
1950	昭和二十五年
1951	昭和二十六年
1952	昭和二十七年
1953	昭和二十八年
1954	昭和二十九年

1955	昭和三十年
1956	昭和三十一年
1957	昭和三十二年
1958	昭和三十三年
1959	昭和三十四年
1960	昭和三十五年
1961	昭和三十六年
1962	昭和三十七年
1963	昭和三十八年
1964	昭和三十九年
1965	昭和四十年
1966	昭和四十一年
1967	昭和四十二年
1968	昭和四十三年
1969	昭和四十四年
1970	昭和四十五年
1971	昭和四十六年
1972	昭和四十七年
1973	昭和四十八年
1974	昭和四十九年
1975	昭和五十年
1976	昭和五十一年
1977	昭和五十二年

1978	昭和五十三年
1979	昭和五十四年
1980	昭和五十五年
1981	昭和五十六年
1982	昭和五十七年
1983	昭和五十八年
1984	昭和五十九年
1985	昭和六十年
1986	昭和六十一年
1987	昭和六十二年
1988	昭和六十三年
1989	昭和六十四年（至 1 月 7 日） 平成元年（1 月 8 日起）
1990	平成二年
1991	平成三年
1992	平成四年
1993	平成五年
1994	平成六年
1995	平成七年
1996	平成八年
1997	平成九年
1998	平成十年
1999	平成十一年
2000	平成十二年

2001	平成十三年
2002	平成十四年
2003	平成十五年
2004	平成十六年
2005	平成十七年
2006	平成十八年
2007	平成十九年
2008	平成二十年
2009	平成二十一年
2010	平成二十二年
2011	平成二十三年
2012	平成二十四年
2013	平成二十五年
2014	平成二十六年
2015	平成二十七年
2016	平成二十八年
2017	平成二十九年
2018	平成三十年
2019	平成三十一（至 4 月 30 日） 令和元年（5 月 1 日）
2020	令和二年
2021	令和三年
2022	令和四年
2023	令和五年

主要參考書目

■中文

- 《世界歷史詞典》，上海：上海辭書出版社，1985 年。
- 莊錫昌主編《外國歷史名人辭典》，南昌：江西教育出生出版社，1989 年。
- 朱傑勤、黃邦和主編《中外關係史辭典》，武漢：湖北人民出版社，1992 年。
- 《世界近代史詞典》，上海：上海辭書出版社，1998 年。
- 夏征農、陳至立主編《大辭海·世界歷史卷》，上海：上海辭書出版社，2011 年。
- 中國社會科學院編《簡明日本百科全書》，北京：中國社會科學出版社，1994 年。
- 〔日〕竹內理三等編，沈仁安、馬斌等譯《日本歷史辭典》，天津：天津人民出版社，1988 年。
- 吳傑主編《日本史辭典》，上海：復旦大學出版社，1992 年。
- 成春有、江捷主編《日本歷史文化詞典》，南京：南京大學出版社，2010 年。
- 《日本文學詞典》，上海：上海辭書出版社，1994 年。

- 中國日本史學會編《日本歷史風雲人物評傳》，天津：天津人民出版社，1988 年。
- 朱庭光主編《外國歷史名人傳（近代部分）》重慶：中國社會科學出版社，重慶出版社，1982 年。
- 趙曉春著《百代盛衰：日本皇室》，北京：社會科學文獻出版社，1998 年。
- 〔日〕笠原英彥著，陳鵬仁譯《日本歷代天皇圖傳》台北：台灣商務印書館，2005 年。
- 〔日〕鈴木正、〔中〕卞崇道等著《日本近代十大哲學家》，上海：上海人民出版社，1989 年。
- 卞崇道、王青主編《明治哲學與文化》，北京：中國社會科學出版社，2003 年。
- 中國日本史研究會編《日本史論文集》，北京：生活 · 讀書 · 新知三聯書店，1982 年。
- 李顯榮、張宏儒、湯重南主編《外國歷史大事集（近代部分第三分冊）》，重慶：重慶出版社，1985 年。
- 于清高、華珏等編《現代日本名人錄》上、下冊，北京：時事出版社，1982 年、1984 年。
- 中國日本史學會編《日本歷史風雲人物評傳》，天津：天津人民出版社，1988 年。
- 陳再明著《日本人物群像》，台北：聯經出版專業公司，1996 年。
- 李慶著《日本漢學史 · 第二部：成熟和迷途》，上海：上海外語教育出版社，2004 年。

- 錢婉約著《從治學到中國學：近代日本的中國研究》，北京：中華書局，2007 年。
- 伊文成、馬家駿主編《明治維新史》，瀋陽：遼寧教育出版社，1987 年。
- 〔美〕安德魯 . 戈登（Andrew Gordon）著，李朝津譯《200 年日本史：德川以來的近代化行程》，香港：中文大學出版社，2014 年。
- 〔日〕吉見俊哉編著，奚伶譯《平成史講義》，上海：東方出版中心，2021 年。
- 周佳榮著《近代日本文化與思想》，香港：商務印書館（香港）有限公司，2015 年。
- 周佳榮著《細語和風：明治以來的日本》，香港：香港中和出版有限公司，2018 年。

■日文

- 芳賀幸四郎編著《日本史要覽》，東京：文英堂，1966 年。
- 五味文彥等編著《詳說日本史研究》，東京：西東社，2012 年。
- 永原慶二監修《岩波日本史辭典》，東京：岩波書店，1999 年。
- 入澤宣幸著《日本史 1200 人》，東京：西東社，2012 年。
- 兒玉幸多監修《日本史人物事典》，東京：講談社，1995 年。
- 日本史廣辭典編集委員會編《日本史人物辭

典》，東京：山川出版社，2000 年。

- 《日本 20 世紀館》，東京：小學館，1999 年。
- 藤原彰、吉田裕等著《天皇の昭和史》，東京：新日本出版社，1984 年。
- 中村政則編《年表昭和史》，東京：岩波書店，1989 年。
- 五味文彥編《日本史重要人物 101》，東京：新書館，1996 年。
- 松村正義著《國際交流史 —— 近現代の日本》東京：地人館，1996 年。
- 出版局事典編集部編集《現代日本人名錄》，東京：朝日新聞社，2001 年。
- 《日本史有名家族の情景》，東京：新人物往來社，2006.
- 鈴木旭、島崎晉著《日本史人物の謎 100》東京：學習研究社，2008 年。
- 《圖解現代史 1945-2020》，東京：美成堂出版，2016 年。
- 《平成本》，東京：昭文社，2019 年。

■英文

- *Kodansha Encyclopedin of Japan*. 9 vols. Tokyo and New York: Kodansha Ltd, 1983.
- *Japan: An Illustrated Encyclopedia*. 2 vols. Tokyo: Kodansha Ltd,1993.
- *The Cambridge Encyclopedia of Japan*. Cambridge,

New York and Melboure: Cambridge University Press, 1993.

- *The Kodansha Bilingual Encyclopedia of Japan*. Tokyo: Kodansha International Ltd. 1998.《對譯日本事典》，東京：講談社國際株式會社，1998 年。
- Huffman, James L, Moden Japan: *An Encyclopedia of History, Culture, and Nationalism*, New York and London: Carland Publishing, Inc, 1998.
- *The Cambridge History of Japan*. Vols. 1-6. Cambridge: Cambride University Press, 1988.
- Beasley, William G., *The Rise of Modem Japan*. London: Weidenfeld and Nicolson,1991.
- *100 Japanese You Should Know*, Tokyo: Kodansha Intetnational Ltd., 1998.
- Varley, Paul, *Japanese Culture*. Forth Edition, Updated and Expended. Honolulu: Universyty of Hawaii Press, 2000.
- Huffman, James L. , *Japan in World History*. Oxford & New York: Oxford University Press, 2010.

人名索引（筆畫次序）

二畫

三畫

四畫

五畫

六畫

七畫

八畫

九畫

十畫

十一畫

十二畫

十三畫

十四畫

十五畫

十六畫

十七畫

十八畫

十九畫

二十畫及以上